春秋經傳集解

四部備要

經部

中華書局據相臺岳氏家塾本校刊

桐鄉　陸費逵總勘
杭縣　高時顯
吳汝霖輯校
杭縣　丁輔之監造

春秋名號歸一圖卷上

周　魯　齊　晉

周 姬姓黃帝苗裔后稷之後也武王伐紂而有天下至幽王爲犬戎所殺謂之西周平王東遷洛邑謂之東周卽春秋之始也今據經傳有異呼者合而錄之

文王 太王之子也見序　文王昌 桓六註　周文王 僖十九年文王並同　皇祖

文王 哀二

周桓公　周公黑肩 隱六桓五桓十八

王子克 莊王弟　子儀 並同桓十八

平王 見序隱三年同　宜臼 昭二十六年王名也

召康公 僖四　召公奭 爲周太保　召伯 定九年傳引甘棠之詩

召穆公僖二十四　召公虎同上年註召穆公周之卿士

石速莊十九年王之元士也　膳夫同上年卽石速也

蘇忿生隱十一　司寇蘇公武王時爲司寇同上年註

王子帶僖十一惠王之子襄王母弟也　叔帶僖二十四昭二十六　太叔帶僖七

甘昭公僖二十四食邑於甘諡昭

周公閱文十四　宰孔僖五年註　宰周公僖九年經五年周公同

王子虎僖二十八王之卿士　王叔同上年文三　王叔文公文三王卿士也虎名叔族文諡

叔興僖十六周內史也　叔興父後爲大夫僖二十八年

蔿國莊十六周大夫　子國同上年字也

陳嬀陳國嬀姓之女 王后 惠后並同莊十八年襄王子帶之母

王世子僖五年經 王太子鄭同上年傳 襄王僖二十四經云天王同

虢仲桓八年王之卿士也 虢公林父同上年

王季子宣十年天王母弟季子成公元年同 劉康公同上年食采於劉十五年同

樊皮莊二十九周大夫樊其采地皮名 樊仲皮莊公三十年

王札子 王子札上註云王札子即王子札也 王子捷並同宣十五年

王叔陳生襄十年王之卿士也 王叔同上年下云王叔氏

單公子愆期 成愆襄公三十年蔿邑大夫按釋例即一人也

芮伯文公元年周大夫也 芮良夫同上年

毛伯毛國伯爵諸侯爲王卿士者也文元 毛伯衞衞伯字也同上年

尹子成十六年經王卿士者也文元 尹武公經傳異文

劉夏襄十五天子官師非卿也下云劉子 劉定公昭元

原伯昭十二年周大夫 原公同上年

周甘人昭九周大夫襄也

祈招昭十二周大夫爲司馬掌兵甲之職招名也 圻父同襄十六年

甘簡公之弟過昭十二名過周之卿士 甘悼公同上年悼公即過 甘過

襄三十年

單子 單襄公並同成元年十六年經傳異文

毛伯過昭十八周大夫

毛得同昭十八過之族 毛伯得昭二十六

景王昭十一

王猛昭二十二景王子也王子猛同上年王子名猛悼王並同上年未即位追謚

劉獻公昭十三年定公之子王卿士名摯亦云劉子劉摯昭二十二註劉子摯

同上年

原伯魯昭十八周大夫原伯魯之子昭二十九卽伯魯也伯魯子上年註

伯蚠昭二十二劉獻公之庶子劉狄昭二十六劉蚠也劉文公昭二十三年劉

卷杜云劉卷卽劉蚠也定四

單子昭二十十六單穆公昭二十二單旗單旗昭二十二年下云單子同或云單氏謂單

子之家也

單子昭十一年成公同上年單子爲王官伯

賓起昭二十二年王子朝之傅也　賓孟同上年卿賓起也

樊頃子昭二十二　樊齊名也同上年

王子朝昭二十二景王長庶子　西王昭二十三子朝在王城之西故謂西王

王子匄昭二十二子猛之母弟　東王昭二十三敬王居狄泉在王城之東故曰東王　敬

王昭二十二年冬即位定五年殺王子朝于楚

召莊公昭二十二　召伯奐昭二十召莊公

召簡公昭二十四莊公子　召伯盈同上年註簡公

甘平公昭二十周卿士

甘桓公昭二十四　甘氏下云甘氏又往矣卽桓公也

尹氏固昭二十六王子朝之黨　尹圉昭二十三尹文公也與尹固同是子朝之黨疑是一

人

夷王昭二十六厲王父

宣王厲王子

幽王宣王子

伯服幽王少子褒姒所生　攜王伯服

惠王平王六世孫

定王襄王孫

頃王　靈王定王孫並同上年

魯姬姓侯爵文王之子周公旦之後也周公翼戴天子輔相成王成王封其子伯禽爲魯侯至隱公十三君春秋之始也今據經傳有異文呼者合而言之

魯公文十二禽父昭十二伯禽定四周公之子始封之君

魯武公哀二十四武公敖桓六註哀二十四註

仲子惠公夫人桓公之母宋武公之女隱元傳惠公仲子隱元年經傳子氏同上

年傳仲子也夫人子氏隱二

魯隱公下云隱公同魯隱並見杜序公名息姑與桓閔文宣成襄經及傳不載故知而不

書凡諸侯皆故此

費伯隱元年魯大夫費庈父隱二年

聲子惠公元妃姪娣隱公之母也隱元君氏隱公攝位不敢從正君之禮尊其母避正夫人

故書日君氏卒隱三

公子益師隱元年經衆父益師字也經傳異文

公子彄隱五年經孝公子臧僖伯同上年公子彄也謚僖

臧孫達桓二年僖伯之子也臧哀伯同上年卽臧孫達

臧孫辰莊二十八魯大夫臧文仲莊十一

臧孫許宣十八文仲之子武仲之父成二年臧孫同臧宣叔宣十八

臧武仲成十八魯大夫文仲之孫宣叔之子臧紇襄四年臧武仲也臧孫襄十四臧紇也下云臧氏並同

臧昭伯昭二十五臧爲之子也臧孫同上年下云臧氏同呼族

公子展展氏祖夷伯僖十五年展氏之祖父夷謚伯字經震夷伯之廟

無駭隱二年經魯卿末賜族者也司空無駭同上年傳展氏隱八年無駭卒公賜族曰展氏賜族之始

展禽魯大夫僖二十六柳下惠並同上年名獲字禽柳下食邑諡惠按血脉圖盜跖之兄也按莊子即柳下季也

公子翬隱四年十年魯大夫貶去族下皆同羽父同上年字也

子同桓六年桓公子莊公文姜所生莊公春秋十二公唯莊僖昭定名諡見傳

夫人姜氏桓三桓六夫人齊女也文姜桓六

公子慶父莊二年三十二年慶父同仲慶父莊八共仲閔二

公孫敖僖十五慶父之子也魯大夫孟穆伯文元年下云穆伯同

文伯文十四穆伯之子穀也穀文元文十四

公子遂僖二十六魯卿莊公之子公孫敖從父昆弟襄仲文七東門襄仲僖二十六年襄仲居東門故曰東門襄仲東門遂襄公二十三東門氏同上年仲

文十八年傳仲卽襄仲也 仲遂 宣八經

公孫歸父 宣十襄仲之子也 子家 同上年字也 東門氏 呼其族也宣十八逐東門氏卽歸父也

仲嬰齊 成十五年襄仲子公孫歸父弟宣十八年逐東門氏又使嬰齊紹其後曰仲氏

公子牙 莊三十二同母弟 叔牙 僖叔 叔孫氏 並同上年

公孫茲 僖四經叔牙子也 叔孫戴伯 同上年戴氏也

叔孫得臣 文元叔牙之孫 莊叔 文三昭五

叔彭生 文十一經註叔仲惠伯叔牙孫 叔仲惠伯 同上年傳文十八註文七文十四

叔孫舒 哀二十六武叔之子 文子 同上年

公子友 莊二十五魯上卿莊公之母弟 季子 公子友字閔元 季友 莊三十二 成季

友 昭三十二

季文子 文十八季友之孫魯之宗卿季孫行父也下云文子同 季孫行父 上年同經

下傳云行父

季孫宿 襄六行父之子魯之正卿也 季武子 同上年

公彌 襄二十三季武子長庶子也公鉏 公鉏 上註

悼子 襄二十三季武子庶子紇平子父也 悼子紇 註 季悼子 昭十二

季孫平子 昭九年季孫意如 季孫意如 昭十三 平子季孫 並同上年

季氏 昭二十六

季孫斯 定五年平子意如子桓子 季桓子 桓子 同上年

南孺子 哀三季桓子之妻 南氏 同上年

季康子哀八桓子之子肥哀三

公父歜定五年季桓子從父昆弟公父文伯同上年

公山不狃定五年季氏臣費宰子洩也費宰子洩同上年洩亦作泄

鍼巫莊三十二魯大夫傳云鍼巫氏謂其家也鍼季並同

公子魚閔二奚斯也奚斯同上年

夫人風氏文四莊公妃僖公之母魯之附庸須句國之女成風文五

夫人姜氏哀姜莊公夫人莊二十四哀姜同上年傳夫人氏僖元年經不言姜闕文

子子在喪之稱也文公子惡文十八年經書子卒惡傳云殺惡註惡太子上年同

公子買僖二十八年經魯大夫子叢同上年傳異文

婦姜文四年有姑之稱夫人姜氏文十八惡視之母出姜也出姜上年同註文公
甍而見出故曰出姜哀姜上年同傳東門至卿出姜也
惠叔文元文伯弟名難難文元文七
仲孫蔑文十四文伯穀之子孟獻子文十五
仲孫羯襄二十三孟莊子速之庶子孺子秩之弟孝伯也孟孝伯同上年襄三十一年
孝伯同上年孟孫同上年
子服昭伯昭十六惠伯之子子服回子服回同上年
敬嬴文十八文公妃宣公母夫人嬴氏宣八
僖公閔二莊公之子成風所生閔公庶兄也魯申定四年
公孫嬰齊成二叔肸之子魯大夫子叔聲伯成六聲伯成八嬰齊成十

六子叔嬰齊同上年

叔老襄十四聲伯子也子叔齊子同上年子叔族也齊子字也襄十六年云齊子

叔弓昭三叔老子也敬子同上年子叔子昭二

宣伯文十一成八叔孫得臣之子僑如叔孫僑如成二僑如成六十叔孫

宣伯成六叔孫氏襄二十三呼其家也

叔孫豹成十六僑如之弟也叔孫穆子襄二十八下云叔孫皆同二十七二十九唯云

穆子皆同穆叔襄公二年

叔孫不敢定元年武叔之父下云不敢同叔孫成子定十年下云成子同

叔孫氏定八武叔上年註叔孫不敢之子州仇也同上後註叔孫武叔州仇

哀十一註州仇同上年叔孫武叔哀十一註叔孫同上年武叔懿

子定十子叔孫同上年

叔孫輒定十二年叔孫氏族恨叔孫不禮叛而出奔子張字也哀八年奔在吳

公若藐定十叔孫氏之族郈宰公若同上年

伯姬成九年穆姜之女成公之姊妹共姬襄三十年在魯曰伯姬嫁爲宋共公夫人故曰共姬

從夫之謚也

郰人紇襄十年郰邑大夫仲尼父叔梁紇也叔梁紇註郰叔紇襄十七

厚成叔襄十四年後改爲郈氏名瘠厚孫同上年稱其族也瘠同上年

公子裯襄三十一敬歸之娣齊歸之子昭公名裯父昭二十五魯昭公上註

孟莊子襄十六獻子之子魯公族大夫孟孺子速同上年莊子速同上年

仲孫速襄二十孟氏本出共仲故族稱仲孫亦曰孟孫

昭子 昭四昭十叔孫豹之庶子 叔孫婼 同上年註昭二十五 叔孫昭子 同上年

叔孫 昭二十三二十四 叔孫氏 昭二十五

孔子 序 素王 今古皆云見序 仲尼 散在諸卷 孔丘 序定十哀十六 尼父 哀十六

孟椒 襄二十三孟獻子之孫子服惠伯 子服惠伯 同上年 子服椒 昭三 惠伯 同上年 子服湫 昭十三湫子服惠伯 子服子 襄二十八 子服氏 昭十六族也

閔子馬 襄二十三魯大夫閔馬父 閔馬父 同上年註昭十八二十六

叔仲帶 襄三十一叔仲小之父也 叔仲父 襄二十八 叔仲昭伯 襄七叔仲惠伯之孫 叔仲昭子 昭四叔仲帶也

榮駕鵝定元年魯大夫榮成伯同上年

孟丙昭四年叔孫豹之子孟同上年下皆呼孟

仲壬孟丙之弟同昭四年仲亦同上年下云仲者皆仲壬也

孟僖子昭七仲孫貜也仲孫貜昭九

孟懿子昭二十五孟僖之子仲孫何忌仲孫何忌同上年何忌昭七孟孫定元

仲孫閱襄三年僖子之子南宮敬叔南宮敬叔昭十一哀三孔子弟子也下云敬叔並同

孟孺子哀十一孟懿子之子孟孺子洩武伯彘孟孺子洩同上年下云右師同右師

孟武伯哀十四註孟孫同上年武伯彘孟孫並哀十一

子家懿伯昭二十五年註云子家懿伯羈莊公玄孫子家羈昭公十五二莊公玄孫下

註云羈也自稱子家子並同上年子家氏定元

齊歸襄三十一昭公之母胡女也齊謚歸姓夫人歸氏昭十一經小君齊歸

昭十一

叔仲小昭十二叔仲帶之子叔仲子當世所呼叔仲穆子同上年

南蒯昭十二南遺之子季氏費邑宰南氏昭十三

琴張　琴牢　子開並同昭二十年孔子弟子也

叔輒昭二十一叔弓之子伯張伯張　子叔並同上年

公子宋定元昭公弟定公同上年宋父昭二十五

季公若昭二十五下云公若季公亥公亥即公若也同上年

秦遄之妻昭二十五 秦姬昭二十五年

郈昭伯昭二十五年 郈孫同上年下云郈氏同

公爲昭二十五昭公子務人 務人昭二十九 公叔務人哀十一

洩聲子昭二十六魯大夫下云聲子同 野洩同上年字亦作泄同

苫夷定七季氏家臣 苫越定八

公斂處父定七孟氏家臣成宰公斂陽 公斂陽上註

季孫寤 季寤季桓子之弟 子言字也並同定八年

定姒定十五定公夫人 姒氏同上年

子服何哀三十二子服景伯 子服景伯同上年 景伯哀十

顏羽哀十一孟氏臣字子羽 子羽同上年

樊遲哀十一孔子弟子樊須字子遲樊須上註下云須也同

冉求哀十一三十三求名字子有孔子弟子冉有有子並哀十一

孟之側哀十一年孟氏族子反哀十一或云字反何論云孟之反

子貢定十五衛人姓端木名賜孔子弟子衛賜端木賜見上

公孫成哀十五公孫氏爲孟氏成邑宰下大成皆同公孫宿宿卽名也哀十四

公子寧哀二年哀十七公子也悼公同上年

公子有山哀二十四年季孫之黨公孫有山氏哀二十七公自其家出遜于邾故呼其家

齊姜姓侯爵太公望之後也其先四岳佐禹有功遂封於呂故太公曰呂望也太公股肱周室成王封其子呂伋爲齊侯僖公九年卽隱之元年也今據經傳有異呼者合而言之

呂伋昭十二太公望之子齊丁公丁伋謚也襄二十五

齊侯祿父桓十四齊僖公桓十五經

弟年隱七季仲年同上年傳齊仲年桓三

諸兒莊八經齊襄公莊九經

公子小白莊八齊小白莊九齊侯小白僖十七齊桓公莊九或云

齊桓僖十九

王姬莊十一冬嫁爲齊桓夫人魯主婚也見經共姬莊十一此與齊姜並不從夫人之謚

鮑叔牙莊八年傳小自正鄉也鮑叔莊九年

鮑牽成十七鮑叔牙曾孫鮑莊子同上年

鮑國成十七牽之弟齊人於魯召而立之定九年鮑子九十餘鮑文子同上年註

管仲莊八年管仲夷吾夷吾同上年管敬仲閔元年

齊無知莊八年經公孫無知同上年傳無知仲孫昭四與仲孫湫同呼族也

高傒莊二十二齊卿惠公族高子閔二敬仲襄二十九

高固宣五齊大夫下云高子同高宣子宣十四年

高止襄二十九高厚之子高子容同上年高氏同上年

公孫蠆襄二十九蠆子尾齊大夫子尾襄二十八高子尾子尾氏

高彊昭八昭十子尾之子子良孺子同昭八謂其幼也子良氏昭八呼其家也

高張昭二十九高偃子高昭子哀五年

公子完莊二十二陳公子完敬仲上年同自陳奔齊國

仲孫齊大夫閔元年適魯還齊使齊桓務寧魯難桓公善其言魯人嘉之不名仲孫湫同上

年湫鄭名也

公子昭僖十七桓公子也　齊孝公僖二十二年

公子潘僖十七桓公子　齊侯潘文十四　齊昭公　齊潘定四年

公子無虧桓公子也閔二　武孟閔二年

雍巫雍人名巫僖十七　易牙同上年字也

國歸父僖二十九年　國莊子僖三十三下云國子族也

國佐齊上卿宣十　國子成十七　國武子並同上年　賓媚人成二年國佐也

國弱成十八佐之孫　國景子襄二十六　國子同上

國夏哀三　國惠子哀五　惠子哀六

國姜昭四國氏姜姓魯大夫叔孫豹之妻　國氏北婦人並同上年齊在魯之北故豎牛

云

公子商人僖公十七齊懿公文十八商人同上年

公子元僖十七齊侯元宣十齊惠公文十四十八年惠公同

子叔姬文十四魯女齊侯舍之母叔姬傳昭姬並同上年齊昭公夫人從夫之諡

豎貂僖三年寺人貂同上年十七年同

晏弱宣十五桓子晏嬰父也世呼晏子晏桓子宣十四

晏嬰襄二十五晏弱之子大夫晏子嬰襄十七世呼晏子晏平仲襄二十三

齊侯無野成九年經頃公成二年傳

齊侯環襄十九齊環襄十八靈公名靈公上年同註

太子光靈公太子襄元世子光襄二齊莊公襄十

陳文子襄二十三二十八　陳無須襄二十七

陳桓子襄二十八年　陳無宇襄六二十四文子之子

孫書昭十九陳無宇之子子占也　子占同上年　書哀十一陳僖子謂其弟書

陳武子昭二十六年　子彊字也並同上年

陳乞哀四下云陳子皆同　陳僖子同上年六年同

陳恆哀十四　陳成子同上年陳常兄弟八人昭子莊簡子齒宣子來穆子安廩丘子意茲

子芒盈惠子得　陳常同上年　大夫陳子哀二十七

陳逆哀十四子行陳氏宗也　子行同上年

陳瓘哀十五大夫陳恆之兄子玉　子玉同上年

析文子襄十八齊大夫子家　子家同上年　析歸父襄二十三

崔杼襄元諸卷皆云崔子　崔子　崔武子諡也襄二年

華還襄二十三年齊大夫　華周同上年即華還也

杞殖襄二十三年齊大夫　杞梁同上年即杞殖也

棠姜襄二十五下云姜氏同　東郭姜同上年

慶封襄二十五崔杼黨　慶季襄二十八季字也　子家亦字也　慶氏並同上年

北郭佐襄二十八冬齊大夫　北郭子車同上年下云子車皆同

慶舍慶封子也代父專政　子之字也並同襄二十八年

慶嗣襄二十八慶封之族　子息同上年慶嗣

慶奊襄二十八　慶繩同上年慶奊

公孫竈襄二十九子雅　子雅襄二十八欒子雅惠公族

欒施昭十年正卿也大夫子雅之子子旗昭八年字也

公孫明昭四年齊大夫子明字也北婦人之客謂子明也並同上年

公子固昭八子尾之屬子成頃公子也子成同上年

子工昭八子成之弟鑄也鑄同上年

子車昭八頃公之孫捷也捷　公孫捷昭十子淵捷昭二十六年下云淵捷同

公孫青昭二十頃公之孫子石同上年

梁丘據昭二十嬖大夫子猶同上年二十六年字也

子囊帶昭二十六齊大夫囊帶囊帶同上年註

齊侯杵臼襄二十五立哀五年卒在位五十九年齊景公魯叔孫僑如奔納女於靈

公生景公

鬻姒之子荼哀五年下云荼皆同 君荼哀六年陳乞弑其君荼 孺子六年註云

孺子同 安孺子哀八年杜云安號也

公子陽生哀五年六年 齊陽生哀六年經 陽生同上年傳 悼公同上年

齊侯陽生哀十註 齊悼公哀八

弦施哀四至六年奔魯 弦多哀十一年

公子鉏昭二十六哀五 南郭且于且于卽鉏也哀五年奔魯居於南郭故曰南郭且于

哀六

闞止哀六陽生家臣子我也簡公寵之以國政致陳恆弑並在十四年 子我哀六年十四年

壬哀六悼公之子簡公 齊簡公哀十四 君壬陳恆弑其君壬並同哀十四

齊侯敬哀十七年註簡公弟 齊侯同上年

宗樓哀十一宗子陽同上年子陽註

大陸子方哀十四子我臣東郭賈卽子方也

顏庚哀二十三齊大夫顏涿聚顏涿聚同上年注哀二十七

晉姬姓侯爵武王之子唐叔虞所封之國也成王封母弟虞於唐燮父改唐爲晉昭侯封桓叔於曲沃相襲至武公遂并宗國爲晉侯今合而錄之

唐叔昭十五始封之君唐叔虞桓六昭元叔虞昭元唐之季世其君曰唐叔虞叔虞成王之母弟太叔太叔

晉侯同上年注

僖侯桓六司徒同上年名也晉廢司徒之官爲改中軍避僖侯之諱也

太子仇桓二穆侯之太子文侯也文侯同上年文侯仇昭二十三注

成師桓二桓叔同上年曲沃伯同上年晉文侯卒子昭侯立元年危不自安故封桓

叔為曲沃伯

曲沃莊伯桓二桓叔子桓叔卒立莊伯鱓父之爵亦為曲沃伯

曲沃伯莊十六年武公鱓父之爵亦為曲沃伯　曲沃武公桓三莊伯之子莊伯卒武公立

晉武公莊十六年曲沃武公遂并晉國僖王因使虢公以君命命為晉侯即獻公之父文公重耳之祖也

晉侯同上年

晉獻公僖九年武公之子也　晉侯佹諸名也同上年

太子申生僖五年傳　世子申生僖五年經　太子僖四僖十　共太子僖十

共子昭二十八　晉申生同上年註

荀息僖二晉大夫　荀叔僖九年

驪姬莊二十八　姬氏僖公四年

卓子 莊二十八僖九驪姬之娣生卓子 公卓子 僖九

夷吾 莊二十八獻公子小戎子生夷吾僖九 晉侯夷吾 僖二十四經 晉惠公

僖九二十三 惠公 僖五十 晉侯晉君 同上年

懷嬴 僖二十二秦女先妻子圉子圉謚懷公故曰懷嬴 嬴女 同上年 辰嬴 後妻文公

生公子樂謚曰辰嬴文六

太子圉 僖十七惠公太子懷公 公子圉 圉 同上年 懷公 僖十五年註二十三

二十四 孺子 僖五

公子重耳 莊二十八獻公子大戎狐姬生僖九二十三 晉公子 僖二十三 晉重

耳 定四 晉文公 同上年 文公 僖三十八

韓簡 僖十五韓萬之孫 定伯 國語謚也

寺人披僖五年　寺人勃鞮僖二十五
司空季子僖二十三胥臣臼季也　胥臣名也同上年　臼季僖三十三食采於臼
瑕呂飴甥僖十五郤呂甥也蓋姓瑕呂名飴甥字子金　呂甥子金同上年　瑕
甥僖二十四　陰飴甥僖十五食采於陰
趙衰僖二十三正卿也趙盾之父　子餘僖二十四字也　趙成子文五諡也　成季
文六　孟子餘昭元年　原大夫僖二十五
原同僖二十四季隗生原邑也　原叔宣十五　趙同宣十二
屏括僖二十四季隗生同之弟屏邑　屏季宣二　公族大夫同上年
樓嬰僖二十四括之弟樓邑　趙嬰成四　趙嬰齊宣十二
頭須僖二十四一曰里鳧須　里鳧須同上年註

趙盾文六傳宣二經叔隗生 盾僖二十三 趙宣子 宣子同上年宣二 宣孟成八

趙武襄十八正卿也朔之子盾之孫莊姬所生也 趙文子襄二十五二十六 趙孟襄三十一

趙朔宣十二盾之子 趙莊子並同上年

趙成昭五昭七 趙景子昭七

趙鞅昭二十五執政上卿 志父哀二簡子之一名也定公十三年避范中行氏出奔晉侯召歸復位改名志父 趙簡子昭二十五 先主哀二十年無恤呼簡子

無恤哀二十鞅之子簡子子廢嫡子伯魯而立襄子 襄子哀二十七 趙孟哀二十年當世所呼

趙姬僖二十四文公女成公之姊趙衰妻也宣二　君姬氏同上年

趙莊姬成四成八晉成公女趙朔妻　姬氏同上年　孟姬成十七

趙旃宣十二　趙傁同上年老稱

邯鄲午定十三　趙午國語十五註

狐突閔二年晉大夫文公外祖狐毛狐偃之父也　伯行同上年

狐偃僖二十三狐突之子　子犯同上年字也　舅氏僖二十四子犯重耳舅也　舅犯國語十

狐射姑文六年狐偃之子　賈季同上年食采於賈字季

狐鞫居文二　續簡伯同上年　續鞫居文六

狐庸成七巫臣之子父子自楚奔晉　邢伯襄十八晉大夫　屈狐庸襄二十一　邢侯

襄十八昭十四

介推僖二十四　介之推同上年

先軫僖二十八三十二　原軫同上年食采於原

先蔑文六士伯也　士伯文七

先且居先軫之子僖三十三　霍伯文五年先軫之子食采於霍

先穀宣十二年中軍佐也　原穀同上　彘季與士魴同字　彘子並同上年

欒枝僖二十七二十八　欒貞子僖二十七註文五

欒書宣十二年盾之子黶之父　欒伯同上年當世所呼成二年同　欒武子並同上年

襄十四年武子同

弁糾成十八　欒糾同上年

欒黶成十七欒書之子欒桓子襄二十二欒伯襄十四桓主襄二十一卿士

日主

欒盈襄十八黶之子也欒懷子襄二十一陪臣盈襄二十一自稱欒孺子

襄二十二下欒氏同

魏犨僖二十七年畢萬之子也魏武子僖二十七年

陽處父僖三十二年晉處父文二太傅陽子文六下云陽子同

郤缺僖三十三郤萬之子冀缺同上年郤成子文十三

郤克宣十七下云郤子同郤子郤獻子同上年成二郤伯成二駒伯

宣十二國語十二與郤錡同

郤犨成十一年郤克從父兄弟苦成叔成十四年晉卿士也苦成同上年

郤錡成十三郤克子鄭士也下云郤子同駒伯與郤克同成十七

郤至成二年三郤皆正卿温季成十六年新軍佐季子字也成十七年

郤毅成十三郤至弟步毅成十六

韓武子唐宰相世系韓厥之父也子輿成二字也

韓厥宣十二韓萬玄孫韓獻子同上年

韓無忌成十八韓厥子襄七公族穆子襄七年爲公族大夫下云穆子同

韓起襄七無忌弟宣子士起襄二十六大夫入天子之國則稱士韓宣子同上年

韓不信昭三十二年韓起之孫伯音字也同上年韓簡子同上年定元年

士會文六士蔿之孫將中軍加太傅士季文七隨季文六註食采於隨字季隨會

文十三季氏宣十六年呼其字氏隨武子僖二十八宣十二武謚也范武子

成十八初封隨後改封范故互而言之或曰隨武子或曰范武子其後有范文子士燮范宣子士匄

范獻子士鞅皆爲執政上卿襄十七 范會

士貞士渥濁宣十二 士伯宣十五 士貞伯成五 士渥濁成十八

范文子成二 士燮同上 范叔同上 燮宣十七 文子襄二十六

范匄成十六年自稱匄也同 士匄成十七 范宣子成十八年文子之子

士魴成十八 彘季同上年與先穀同字

士弱襄九士渥濁之子莊子或云士弱氏 士莊子同上年 士莊伯襄公二十五與

已前鞏朔同謚 士鞅襄十四士匄之子上卿也鞅也同 范鞅襄十八昭五 范叔

襄二十九 范獻子同上代魏舒將中軍

士文伯襄三十士弱子 伯瑕同上年昭十二

士景伯昭十三士文伯之子彌牟年士伯昭二十三字與士貞子同彌牟昭十三士

彌牟昭二十三司馬彌牟鄔大夫昭二十八年

范吉射定十三士鞅子下云范氏士吉射同上年范昭子同上年哀五昭子同

范皐夷定十三范氏側室子也士皐夷哀三年

荀林父僖二十七中行桓子中行氏之祖也荀伯文七伯氏宣十五伯字也桓子

同上年中行桓子宣六桓子始將中軍自此以爲族世稱中行中行伯宣十

五成二年皆曰中行伯自後子孫襲將中行者皆曰中行伯伯爵也與字義乖

荀首宣十二林父弟趙同趙嬰兄知氏之先與中行同祖自此分族稱知氏知莊子

知季同上年

荀罃成三荀首之子知武子襄十四知伯成十八襄十三

荀庚成三林父之子中行伯同上年將中行襄
荀偃成十六荀庚子中軍帥中行偃成十七官臣偃襄十八自誓中行
伯襄十四伯游襄十三字也中行獻子襄十六十八獻子中行
氏襄一十三族也
荀盈襄二十七知罃之子晉上卿也知盈昭五知氏昭九伯夙襄二十七知悼
子襄二十三
荀吳襄二十六林父之孫偃之子中行伯國語十五自林父至吳三世襄將中行故族稱
中行氏中行吳昭五中行穆子昭十二中行穆子同上年襄二十六
荀躒昭九年荀盈之子下軍佐也知躒昭二十六下云知氏同知伯昭二十一知
文子定十四

荀寅定十三昭二十九中行荀吳之子下卿將中軍中行寅昭二十九中行文子定十三

荀瑤哀二十三荀躒之子知伯襄子知伯豫讓主也知伯襄子並同上年

箕鄭文九註箕鄭父文八文九

胥甲文公十二胥臣之子胥甲父宣元

晉靈公宣三夷皐同上年經云弒其君夷皐

公子黑臀宣二年文公之子也成公同上晉侯黑臀宣九

丕鄭僖十丕鄭父僖十一經

晉侯驩文六晉襄公文二文六子僖三十三年傳曰子墨衰經謂襄公也公未葬故曰子

魏錡宣十二年魏犨之子廚武子宣十二呂錡成十六卽魏錡也呂相父

呂相成十三魏錡之子魏相成十八

魏絳襄三魏莊子襄四獻子之父也

魏舒魏絳之子執政大夫昭二十八魏獻子同上年下云魏子同

魏曼多定十三魏襄子同上年

詹嘉文十三瑕嘉成元年詹嘉處瑕故曰瑕嘉

解張成二年張侯同上年

晉景公成十年晉侯獳同上年

晉侯成十年經太子也景公在州蒲生代父稱爵失人子之禮也太子州蒲傳晉

厲公成十三君州蒲十八年經弒其君州蒲

孫周成十七晉襄公曾孫悼公周子十八晉侯周襄十五悼公周成十八

晉悼公襄十六

羊舌大夫閔二年爲太子申生軍尉叔向祖父也

羊舌職成十八佐祁奚伯華叔向之父叔魚叔虎皆庶子也

羊舌赤襄三職之子叔向之兄伯華同上年註字也銅鞮伯華昭五銅鞮所封之邑也

羊舌肸昭五年羊舌職之子也叔向襄十四叔肸襄十一叔譽禮記趙文子與叔譽觀九原叔譽叔向也

羊舌虎襄二十一下云虎也同叔向庶弟也叔虎同上年

羊舌鮒昭十三叔向庶弟也叔鮒同上年下云鮒也同叔魚字也並同十三

晉平公襄十八註曾臣彪襄十八傳晉侯彪昭十

申公巫臣宣十二本楚大夫出奔仕晉晉以爲邢邑大夫下晉臣同屈巫成二子靈昭二十八

欒王鮒襄二十一嬖大夫也王鮒同上年鮒昭元年欒桓子同上年

祁奚襄三晉大夫祁大夫國語

女齊襄二十司馬侯下云齊也襄二十九司馬侯襄二十六昭元女叔齊昭五叔齊昭元女叔侯襄二十八叔侯同上年

女寬昭二十六大夫女叔寬定元年

師曠襄十八昭八子野字也昭八工昭九傳曰酌以飲工工謂樂師師曠也

嬖叔昭九外嬖外都大夫公之嬖者傳曰公欲廢知氏而立其外嬖禮記謂之李調是也

鞏朔　鞏伯　士莊伯並同成二年下與士弱同謚

楊石昭五叔向子食我　食我同上年　楊食我　伯石並昭二十八

張趯昭三大夫也　孟同上年

少姜昭二晉平公之愛妾齊之女也　少齊昭三謂之少齊言異衆妾也

大戎狐姬莊二十八年文公之母　狐季姬昭公十三

籍黶昭十五註晉卿籍談九世祖也司晉典籍故曰籍氏　孫伯黶昭十五

籍談昭三十　叔氏同上呼其族也　籍父敬而不名

晉頃公昭十三　晉侯去疾同上年

晉昭公昭十六　晉侯夷同上年

史墨昭三十二晉太史也　蔡墨昭二十九即史墨也　蔡史墨同上年

晉定公哀二年　晉午同上年

郵無恤哀二年王良也　王良　郵良　子良並同上年

楚隆趙襄子家臣　陪臣隆哀二十年自稱也

春秋名號歸一圖卷上

春秋名號歸一圖卷下

楚　鄭　衛　秦

宋　陳　蔡　曹

吳　邾　杞　莒

滕　薛　許　雜小國

旁引王者附

楚 芊姓子爵顓頊之後也周成王封熊繹於楚至熊通乃僭號稱王

熊通 史記楚世家武王名 **楚武王** 莊四年傳註楚自魯桓之世始僭稱王

屈瑕 桓十一 **莫敖** 同上年莫敖楚官也莊四年屈重亦襲此官

屈禦寇 僖二十五息公子邊 **息公子邊** 同上年

屈建襄二十二子木襄二十五年爲令尹

公子元莊三十令尹子文莊二十八年子元同

鬬廉桓九若敖子也鬬射莊三十

鬬穀於菟鬬伯比之子莊三十僖二十令尹子文同上年下子文同

鬬克僖二十五子儀文十四申公子儀同上年

得臣僖二十三宣十二成得臣僖二十三令尹同上年子玉僖二十七

鬬椒宣二宣四司馬子良之子子越椒下云椒也越椒同子越　司馬

令尹　伯棼同上年亦作賁襄二十六若敖謂伯賁也

鬬勃僖二十八年楚大夫子上同上年令尹子上僖三十三年爲令尹楚子

上　子上同上年

成大心（文五令尹得臣之子也） 大心（僖二十八） 孫伯（同上年） 大孫伯（僖三十三）

成嘉（文十二若敖曾孫） 子孔（同上年）

鬬宜申（僖二十六二十八） 宜申（僖二十八文十） 子西（同上年）

鬬般（宣四子文之子子楊亦作班） 子楊（同上年） 申公鬬班（莊三十） 司馬

子西（僖二十六註）

箴尹克黃（宣四子楊之子子文之孫箴尹楚官） 箴尹鬬（楚王改其名曰生）

成然（昭十三韋龜之子鬬辛之父） 郊尹 蔓成然（同上年）

鬬成然（昭十四令尹子旗） 子旗（同上年定五）

鬬辛（昭十四成然之子） 鄖公辛（定四年楚滅鄖為邑辛為邑大夫）

鬭懷定四年辛之弟鬭懷上年同下云懷也

仲歸文五文十子家同上年

息嬀莊十四嬀姓之女息侯之妻文夫人莊二十八文王滅息以息嬀爲夫人

申公叔侯僖二十六申叔僖二十八

蔿賈僖二十七伯嬴孫叔敖之父伯嬴同上字也宣四年

孫叔敖宣十一註蔿賈之子令尹孫叔敖宣十二孫叔同上年蔿敖

同上年蔿艾獵宣十一

楚子頵文元年經弑其君頵楚成王同上年

榮黃僖二十八年榮季同上年

太子商臣僖三十三世子商臣文元穆王文元文十

息公子朱文九年子朱息公也子朱息公同上年

文之無畏文十年左司馬也下云無畏子舟字也同上年申舟宣十四年楚子使申舟聘齊

公子燮文十四年王子燮同上年楚僭稱王故公子亦呼王子

公子嬰齊宣十一年註莊王之弟楚之正卿成二先大夫嬰齊昭七左尹

子重宣十一年子重字也令尹子重成二子重同上年

公子側宣十二註正卿成十六經子反宣十二註字也宣十五成二成七成十五成十六

司馬成十六大司馬側側成四子反名成九成十六

潘尫宣十二大夫師叔同上年

潘黨宣十二潘尫之子叔黨同上年潘尫之黨成十六

楚子旅宣十八經　楚莊王文十四年傳

公子貞襄七經莊王之子　子囊同上年成十五襄十三

公子壬夫襄五　令尹子辛同上年　右尹子辛成十六

公子辰成九年　子商楚太宰也見成十年

公子穀臣成三　王子邲戰下句與成二年皆云王子穀臣也

司馬子庚襄十二莊王子午也　公子午襄十五令尹公子午皆同

楚子審襄十三年共王也　共王成二年文七年襄五年楚共王皆同

養由基成十六　養叔襄十四

公子追舒襄十五莊王子子南為箴尹　箴尹同上年　子南襄二十一令尹子南

同　令尹子南襄二十二

叔伯僖二十三薳呂臣同上年

鍼尹固定四年鍼或作箴哀十六工尹固哀十八或云工尹亦同薳固薳氏固名

箴尹楚官改職爲工尹並同十八年

薳子馮襄二十一年爲令尹薳子同上年

薳罷襄三十下云薳氏子蕩襄二十七三十令尹子蕩同

申叔豫襄三十一申叔時之孫申叔跪之子申叔下並云申叔或云夫子大夫之美稱

伍舉襄二十六年椒舉同上年

伍奢昭二十子胥之父連尹奢昭二十七

棠君尚昭二十年伍尚昭二十奢之子員之兄

伍員昭二十下云員同伍舉之孫伍奢之子子胥同上年昭三十一

申無宇昭十一芋尹昭七十三芋尹無宇昭十三

楚子昭襄二十八楚康王同上年

郟敖襄二十九康王子熊麇同上年楚子麇昭元經

公子圍昭元康王弟楚令尹襄三十令尹圍昭元大夫圍昭公元年

王子圍襄二十九楚公子圍昭元熊虔昭元楚子昭十一其君

虔昭十三楚靈王昭元庶子圍昭元王子襄二十

公子黑肱昭元宮廄尹子晳同上年子晳昭十三

觀從昭十三觀起之子其子從子玉同上年

王子比昭元公子比昭十二子干昭元右尹子干昭元楚公子

昭元年與公子圍皆曰楚公子三月晉楚會盟重言楚公子者皆公子圍也冬秦后子與子干俱奔

在晉后子謂楚公子者卽子干也

楚君子干昭十三訾敖昭十三不成君者楚人皆謂之敖葬於郟曰郟敖死於訾曰訾敖

公子弃疾昭十二蔡公昭十三君司馬昭十三熊居同上年立後改名居

楚子居昭二十六平王昭十三年後二十六年楚平王同

右尹子革昭十二鄭丹昭十二然丹昭十三

陽匄昭十七穆王曾孫令尹子瑕令尹子瑕同上年

陽令終昭二十七陽匄子中廏尹同上年

公子魴下云魴也自稱司馬子魚同昭十七年下云子魚者皆同

太子建昭十九卽陽封人之女生楚太子建哀十六王子建昭二十六子

木哀十六

勝哀十六子木之子白公同上年下云王孫亦謂白公也

囊瓦定二年子囊之孫以王父字爲氏令尹子常昭二十六下子常同楚瓦定四

子常同上年

郤宛昭二十七子惡左尹並同上年

沈尹氏葉公子高之父也昭三十一下云戌也自稱左司馬戌昭三十一註定四下云司馬皆同

葉公定五年食采於葉楚僭稱王故宰邑皆僭稱公諸梁定五諸梁卽名也下葉公諸梁同

沈諸梁哀十九父爲沈尹戌子高以父之邑爲氏改封葉故至言之子高哀十六

伯州犂晉大夫伯宗之子下云太宰州犂同昭元太宰同上年呼其官

王孫由于定四下由于同寢尹哀十八吳由于同上年

季芈（芈楚姓也平王之女昭王之妹定五）季芈畀我（服虔云畀我即季芈字也定四）

太子壬（昭二十六平王太子）楚子軫（立後改名哀六年）楚昭王（同上年）

越女之子章（哀六年昭王妾章惠王）楚惠王（同上年哀十六）

公子結（定四年昭王兄）子期（定四哀十六）

公孫寬（哀十九子期之子）司馬（哀十六）

公子申（昭王兄定四哀六年十三年與成六年公子申同名相去八十年非一人也）子西

（哀十六與穆王之世鬭宜申同字子西）

公孫寧（哀十八子西之子下云寧同）令尹（哀十六十七）子國（十七下十八年右司馬子國同）

公孫朝（哀十七）武成尹（同上年）令尹之子（同上年）

公子啓哀六昭王兄也王救陳在外將卒欲立子西子期子閭皆辭之 子閭同上年與公子申公子結皆平王之子也

鄭姬姓伯爵西周厲王之子宣王之母弟桓公友所封之國也

莊公寤生隱元 鄭伯寤生桓十一經 鄭莊公隱十一桓十一

公子呂隱元鄭大夫 子封同上年

共叔段隱元 共叔莊十六 京城太叔隱元下云太叔同 太叔段隱元

祭仲隱元祭氏仲名初爲祭封人掌封疆者後以爲氏 祭足字也桓五 祭仲足桓五

祭封人仲足桓十一年

公孫閼隱十一鄭大夫 子都同上年 公子閼莊十六與隱十一年相去三十四年

不合別有公子同名世族未遠蓋一人也子當爲孫

曼伯桓五昭十一 檀伯守櫟大夫也櫟鄭邑名桓十五年

鄭太子忽桓元 世子忽桓十五經 公子忽隱三桓十 鄭忽桓六 鄭昭公 昭公桓十一

公子突隱九 突桓十一 鄭伯突桓十五經 鄭伯桓十二十五 厲公桓十一十五莊四

洩伯隱七年字亦作泄 洩駕隱五宣三

洩堵俞彌僖二十四註云堵俞彌 子俞彌文公娶于蘇所生宣三年傳下云俞彌

高渠彌鄭卿桓十七十八 高伯桓十七

鄭子昭公弟子儀桓十八莊十四在位十四年遭弒傳復云鄭子蓋其微弱臣子不以君禮赴於諸侯 子儀莊十四 鄭伯莊三傳莊四經

鄭伯捷文公也僖三十二年鄭文公僖二十三鄭捷定四鄭伯僖二十四三十三十三

公子蘭文公子燕姞生僖三十宣三鄭伯蘭宣三鄭穆公三年冬

子良穆公庶子宣四成三去疾宣四公子去疾成二

公孫輒襄九伯有之父子耳襄八襄九註襄十

行人良霄襄十一公孫輒之子伯有襄十五伯有氏襄二十九良氏襄三十

公子宋宣四子公同上年

公子歸生宣四子家同上年執政大夫仁而不武懼譖從逆春秋書爲首惡陷弑君之名

公子堅宣四襄公堅同上年鄭伯堅成四經鄭襄公同上年

太子夷文十七　君之嫡夷同上年　鄭靈公宣四　其君夷宣四經

夭子蠻成二　子貉昭二十八

世子華僖七經　太子華僖七傳　子華同上年

公子魚臣宣十二　僕叔同上年

石制宣十二　子服同上年

公孫申成四九　叔申成十十四

公子班成十　子如同上年

鄭伯費成六　鄭悼公同上年

鄭伯睔襄二　鄭成公同上年

髡頑成十成公太子　太子髡頑成十七　鄭伯髡頑襄七　鄭僖公同上

年

鄭子罕成十六穆公之子執政上卿襄二公子喜成十六釋例諡成子經傳不見

子展襄八子罕之子上卿也舍之名也同上八年公孫舍之襄九罕氏襄二

十九釋例諡桓子

子皮襄二十九子展之子代父為上卿罕虎襄三十子皮子罕之孫以王父字為罕氏昭三

同

嬰齊昭十六子皮之子子齹孺子同上年

罕達哀二哀十二十三子齹之子子姚哀二哀九武子賸哀九鄭子賸哀十

三

罕朔昭七馬師氏同上年馬師職也

公子偃成三穆公子也　子游成六

公孫蠆襄九襄十四襄十九公子偃之子　子蟜襄八

游眅襄二十二公孫蠆之子太叔之兄　子明同上年

子太叔襄二十四正卿　太叔襄二十二昭元　游吉襄二十八公子偃之孫以王父字爲氏昭子

公子發襄五經穆公之子子產父　子國成五襄二襄三釋例諡惠子

子產襄十五公子發之子執政上卿昭二十　子美襄二十五　公孫僑襄二十二昭元

穆公之孫　鄭僑襄二十四　少正襄二十二鄭卿官也

國參哀五子產之子　子思　桓子思哀七桓諡也

公子騑襄九穆公之子執政上云騑也同　子駟四成十襄八

公孫黑 襄十五 子皙 襄三十昭元 駟氏 同上年

公孫夏 襄十子駟之子次卿也 子西 同上年

駟帶 襄三十子西之子 子上 同上年昭十八

駟偃 昭十九駟帶之子 子游 同上年與公子偃同名同字

駟乞 昭十九子游叔父 子瑕 同上年

駟歂 定八駟乞之子 子然 襄元定八註

駟弘 哀二十七駟歂之子 子般 哀二

公子嘉 襄九穆公之子 子孔 襄八 司徒孔 襄十九傳以襄十年甞爲司徒之官故云

公孫楚 昭元穆公孫太叔之叔父嬰大夫 游楚 游氏 子南 子南氏 同上年

子張宣十四穆公孫公孫黑肱襄二十二伯張同上年

子華襄十九穆公之孫子然之子然丹子華名昭九昭十六鄭丹昭十二註仕楚爲右

尹楚人謂之鄭丹

然明襄二十四鄭大夫鬷蔑蔑名也鬷明並昭二十八

印段襄二十七印氏同上年子石襄三十

印癸昭十六印段之子子柳同上年

公孫段襄二十七子石同上年伯石亦字伯石襄三十公孫段氏昭元

豐施昭七公孫段之子也豐氏同上年昭元子旗昭十六

豐卷襄三十子張同上年

公孫揮襄二十四子羽同上年二十九行人子羽同行人揮昭元

馬師頡 襄三十子羽孫馬師官也 羽頡 同上年以王父字為氏
渾罕 昭四年鄭大夫 子寬 同上年
宛射犬 襄三十四 鄭公孫 同上年下云公孫同
鄭伯嘉 昭十二經 鄭簡公 同上年下云簡公同
鄭伯寧 昭二十八經 鄭定公 同上年
鄭伯蠆 定九經 鄭獻公 同上年
鄭勝 哀二 鄭聲公 同上年
衞 姬姓侯爵文王之子武王之弟康叔所封之國也
其君完 隱四年衛州吁弒其君完 桓公 同上年 衞桓公 隱五年
公子晉 隱五 衞侯晉 桓十二 衞宣公 桓十三

石碏隱四衛大夫　石子同隱四呼其氏也
石稷成二年下云石子同石碏四世孫　石成子同上年　石子同上年
石買襄十七　石共子襄十九
悼子襄十九　石惡襄二十七二十八
石盂襄二十二　石𡙇同上年
從子圃襄二十八年　石圃哀十七年
壽子桓十六　壽同上年
公子朔桓十六　衛侯朔同上年　惠公同上年
昭伯閔二諡也惠公庶兄宣公子也　公子頑同上年
戴公閔二宣姜生立其年卒　申同上年註名也

甯速閔二註　甯莊子同上年

甯俞僖二十八註下甯子同　甯武子同上年

甯殖襄元經二十傳　甯惠子襄二十或云甯子見成十四

甯喜襄二十六甯惠子下云甯子甯氏　悼子襄一十

子路杜序孔子弟子孔悝邑宰也定十二定十四同　仲由同上年下由也同　季路哀十四　季子哀十五

衛侯燬僖二十五　燬僖十八傳　衛文公閔二

衛子僖二十五經　衛侯鄭宣九　衛成公僖三十一

叔武僖二十八成公弟　衛子僖二十八經　夷叔同上夷謚也　衛武定四

公子瑕僖二十八　子適僖三十

衛侯速成二衛穆公同上年

孫良夫宣七經林父之父成十四孫桓子同上年傳成三年孫子同

孫林父襄七傳下云孫子孫氏同孫文子成十四

孫襄襄二十六林父之子伯國同上年

衛侯臧成十四經衛定公成十四傳定公同上年

衛侯弟黑背成十經子叔黑背同上年傳

衛獻公襄十四衛侯衎襄二十六

公孫剽襄元子叔黑背子襄十四衛侯剽襄二十六註弒其君剽同上年

子叔同上年

北宮括成十七北宮懿子襄十四下云懿子同

北宮佗襄三十 北宮文子襄三十一
北宮喜昭十下云北宮子北宮氏皆同 貞子昭二十與析成子皆生賜謚
蘧伯玉襄十四 蘧瑗襄二十九
庾公差襄十四 子魚同上年
毋弟鱄襄十四 衛侯之弟鱄襄二十七 子鮮同上
太叔文子襄二十五下云文子 太叔儀襄二十七 世叔儀昭三十二經註
世叔齊哀十一經太叔懿子之子 太叔疾上年傳云卽世叔齊也下云疾同 太叔
悼子並同上年
太叔遺哀十六太叔疾之弟 太叔僖子同上年
史狗襄二十九史朝之子 衛文子同上年

史鰌襄二十九年　史魚同上年

公叔文子定六下云文子同　公叔發襄二十九

孔成子昭七衛卿孔達之孫　孔烝鉏同上年

孔文子哀十一執政上卿悝之父　羈之孫圉昭七　孔圉哀十五　烝鉏之曾孫圉同昭七年烝鉏羈之父也

孔姬哀十五蒯聵之姊孔圉之妻悝之母也伯姬姬氏同　孔伯姬　伯姬同上年

孔悝哀十五孔文子圉之子　孔叔同上年

王孫牟昭十二康叔之子　康伯同上年

衛侯兄縶昭二十靈公兄　孟縶昭七　公孟昭二十　公孟縶同上年

析朱鉏昭二十　成子同上年與北宮貞子皆生賜謚　析成子同上

齊豹[昭二十下云齊氏同]齊氏子[同上謂其家也]衞司寇[昭三十一年]

公子荊[襄二十九]南楚[昭二十]公南楚[同上年]

祝佗[定四祝史名佗]太祝子魚[同上年下云子魚同]

衞侯元[哀三]衞靈公[同上年]

蒯聵[定十四]世子蒯聵[定十四經]太子蒯聵[定十四傳]曾孫蒯聵[哀二]莊公[哀十五]

士人之子輒[哀二]衞侯輒[哀十五]出公輒[哀十二]衞出公[哀二十六]

公子郢[哀二公孫彌牟之父]子南[同上年]

公孫彌牟[哀二十五彌牟子南之子]南氏[以父字爲族]文子子之[並同上年]

高柴哀十七衛大夫孔子弟子也　柴哀十五　子羔同上年　季羔哀十七

褚師比哀十六哀二十五　褚師哀二十五　褚師聲子同上年

司徒瞞成哀十五　瞞成哀十六　子還成哀十六經

襄公之孫般師哀十七　公孫般師　般師並同上年

公子起哀十七靈公子　其君起哀十八

公文要哀二十五　公文懿子同上年

彌子瑕定六嬖大夫　彭封彌子哀二十五下云彌子

夫人之弟期哀二十五　司徒期同上年下云期

王孫齊哀二十六衛大夫王孫賈之子　昭子同上年

衛大夫肸哀十六註　下臣肸哀十六　鄢武子同上年

子伯哀十六註　子伯季子同上年

許公爲哀十六　許爲同上年

公子黚哀二十六蒯聵庶弟　悼公同上年

秦嬴姓伯爵自伯益佐堯舜有功舜乃賜姓封邑至周穆之世造父與秦仲有功遂爲列國穆公

始見春秋

秦穆公　秦穆　秦伯任好穆公名文六年卒

公孫枝僖九秦大夫僖十五　子桑文三

孟明僖二十二下云孟子　孟明視文二　百里孟明視僖三十三

西乞僖三十三　西乞術同上年

白乙僖三十三　白乙丙僖三十三

太子罃僖十五 秦伯罃文十八 秦康公僖十五文七

秦伯之弟鍼昭元經下云鍼同 后子同上年自秦奔晉 景公母弟鍼

註 秦鍼傳註 秦公子昭元 秦伯車弟鍼 公子鍼並釋例

秦穆姬僖十五下穆姬同 秦穆夫人穆公夫人 伯姬僖十五姬姓之女嫁於秦也在晉曰伯姬伯謂長女也在秦曰穆姬從夫之諡也嫁於小國則不從夫之諡紀伯姬鄭伯姬潞伯姬是也次國亦不從夫之諡自有諡者文姜聲姜出姜齊姜齊歸是也其有叔姬者各據本國長幼次序

宋子姓公爵其先契之後也武王伐紂封微子啓爲宋公以繼殷之祀也

宋穆公隱三 宋公和同上年經

宋殤公隱三四年殤公同 與夷隱三

孔父[桓二大司馬孔父] 孔父嘉[桓二] 大司馬[隱三] 司馬[桓二呼其官也]

宋武公 司空[武公名司空故廢司空之官改為司城避其諱也桓六]

華父督[桓元] 宋督[桓二] 督 大宰[同上年]

司馬華孫[文十五貴而不名] 華耦[同上年華督孫] 司馬子伯[文十八]

華定[襄二十九] 宋司徒[同上年] 華費遂[昭二十大司馬] 司馬[同上年]

華貙[昭二十一年大司馬華費遂之子為少司馬] 子皮[字也同上年]

少司寇牼[昭二十華亥庶兄] 華牼[同上年]

其君捷[莊十二經] 閔公[同上年]

公子御說[莊十一宋莊公子] 宋公御說[僖九] 宋桓公[同上年]

公子馮[隱四年三年馮也亦同] 宋公馮[莊二年經] 宋莊公[莊二經]

太子茲父僖八宋子九年經宋公茲父僖二十三宋襄公同上年

大司馬固僖二十二莊公孫公孫固僖二十七

目夷僖八下九年公子目夷同子魚僖十九下云司馬子魚同司馬子魚司

馬僖三十三宋公王臣文七宋王臣定四宋成公文七

司徒皇父文十一下云皇父戴公子皇父充石同上年

宋昭公文十六下昭公同杵臼同上年昭公名

公子鮑文十七十六宋公鮑成二宋文公同上年

高哀文十四子哀同上年

王姬文十六下云夫人王姬同襄夫人同上年君祖母同上

公子圍龜成五年子靈同上年

靈不緩哀二十六公子圍龜之後 左師同上年

羊斟宣二年御士 叔牂同上年

蕩澤成十五公孫壽之孫 大夫山 子山並同上年

宋共公成十五 宋公固同上年

子罕襄六下云司城子罕同 司城子罕同上年 樂喜襄九

樂轡襄六 子蕩同上年

桐門右師定九 樂大心同上年 樂祁昭二十二子罕孫定八 樂祁犂

同上年定六經 子梁定八 司城子梁昭二十七

樂溷定八樂祁子 子明定九

樂茷哀二十六樂溷子 子潞 司城茷並同上年

樂得哀二十六門尹得同上年

褚師段襄二十共公子段子石同上年

宋伯姬襄二十六三十共姬同上年從夫之謚

合左師襄二十七合向戌邑也下云左師皆謂官也宋左師向戌並同上年

向魋哀十三桓魋同上年下云司馬桓魋魋也皆同桓司馬哀十四司馬

同上年此亦與子仲同十四年傳云司馬欲入謂向魋也

左師向巢官也哀十四向巢　左師巢同上年

向宜昭二十一向戌子子祿同上年

皇野哀十四司馬子仲同哀十四十七年末子仲同司馬哀十四年傳上云司馬曰司馬請謂子仲也下云司馬欲入謂向魋也

公子朝宋公子名朝出奔仕衛淫亂懼罪奔晉昭二十一年歸宋衛公子朝在衛為大

夫懼罪奔晉昭二十一年自晉歸宋救華氏之亂其年傳以仕衛之故謂之衛公子朝宋子

朝哀十一年經註也下云子朝並同宋朝歸宋後至定十四年衛靈公為南子召之朝復

適衛宋公子朝定十四哀十一

世子成成十五宋公成昭十年宋平公昭十一元公父也

世子痤襄二十六年經太子痤同上年經傳異文

世子佐昭四太子佐同上年宋公佐昭二十五年經下云宋公同宋元

公昭二十五二十六

公子城昭二十年下云城也也語助子城字也同上年

太子欒元公太子也昭二十二十五宋景公哀二十六

杞姒之子非我哀十七皇非我哀二十五司馬同上年

公之弟辰定十年註云景公弟辰傳云辰同母弟辰並同昭二十定十一

公孫周哀二十六元公孫子高同上年

周之子得哀二十六公孫周之子昭公同上年

陳媯姓侯爵舜之後也周武王封遏父之子滿於陳賜姓媯氏號胡公卽始封之祖也

陳侯林莊元年陳莊公莊二年

五父隱六年威公之弟也陳公子佗同上年陳佗威六年文公子佗桓五年陳五父隱七年五父佗襄二十五年註

陳侯躍威十二年厲公同上年

公子完莊二十二年厲公子也敬仲同上年

陳子 僖二十八年經先君未葬故曰子 陳侯朔 文十三年 陳共公 文元年

轅濤塗 陳大夫下云濤塗僖四 轅宣仲 僖五年

陳侯杵臼 僖十二 陳宣公 十三年

陳侯平國 弒其君平國 同宣十 陳靈公 宣九 靈侯 成二年

少西 子夏之名徵舒之祖宣十一註 子夏 同上註

夏徵舒 宣十一年大夫也下云徵舒同 夏氏 同十一年 少西氏 同上年皆謂徵舒之家

夏南 子夏之後字子南成二年

夏齧 昭二十三年徵舒玄孫 陳大夫齧 同上年 陳夏齧 同上

成公午 宣十一 陳侯午 襄四 陳成公 襄四

陳侯之弟黃 襄二十 公子黃 同上年

鍼子隱八年陳大夫陳鍼子同上年

陳鍼宜咎陳大夫襄二十四陳鍼同上鍼宜咎同上年註宜咎同上年

葴尹宜咎昭四年陳大夫奔楚為葴尹

公子招昭元年八年子招並同上陳侯之弟招昭八經司徒招八年傳

太子偃師襄二十五世子偃師昭八年經悼太子偃師同上年傳

孫吳昭八年太子偃師之子悼太子之子吳昭十三陳侯吳昭四陳惠公同上年陳侯溺昭八年陳哀公同上年

陳子先君未葬定四年會諸侯稱子陳侯柳定八陳懷公同上年至湣公為楚所滅

蔡姬姓侯爵武王封弟叔度為蔡侯叔度作亂見誅其子蔡仲名胡成王復封之於蔡也

蔡叔定四年始封之君蔡叔度蔡世家叔度之名也得罪放逐尚書有放驩兜之義寬而
宥之放之於遠也
蔡仲定四年蔡叔之子周公舉而命之蔡侯同上年註周公以王命命之為蔡侯胡同上
年蔡仲名也尚書云小子胡
蔡侯考父隱八年蔡宣公同上年
蔡侯封人桓十七年蔡威侯同上年
蔡季桓十七年蔡侯獻舞莊十年蔡哀侯莊十四年
蔡甲午定四蔡莊侯註蔡侯甲午蔡世家蔡莊公襄八註
蔡侯申宣十七蔡文公同上年蔡文侯襄二十
公子燮襄八年司馬燮同上年蔡司馬襄二十

聲子蔡大夫也與楚大夫伍舉世相善歸生名也並同襄二十六年

蔡侯成二年蔡景公同上年襄三十年其君固襄三十年

世子般襄三十太子般同上年蔡侯昭十一蔡靈侯昭十一楚靈王誘而殺之刑其士七十人遂圍蔡滅之蔡靈公昭十三年楚平自蔡得國復封其孫盧爲蔡侯遂得成禮葬之

世子有昭十一年隱太子同上年蔡靈公之太子蔡平公之父

蔡侯盧昭十三隱太子之子盧楚靈滅蔡爲邑使公子棄疾爲蔡公疾即位是爲平王乃封盧而復之蔡平公昭二十一年平侯同上年

太子朱昭二十一年傳蔡侯朱昭二十一年經平侯之子

蔡侯　蔡君並定三年蔡侯申宣十七年蔡侯申卒諡曰文侯今昭侯是玄孫不合

與高祖同名春秋之諱也哀四

蔡昭侯哀四年為大夫公孫翩所弒　蔡昭公同上年經

公孫霍哀四年經　公孫盱同上年傳註云盱即霍也弒君之黨

曹姬姓伯爵文王之子振鐸之後也武王封弟振鐸於陶丘即其國也

曹伯終生桓十年　曹桓公同上年

曹太子桓九年　世子射姑同上年　曹伯射姑莊二十三　曹莊公

莊二十四　曹赤莊二十四年自外歸于曹　曹僖公同上年註

曹伯班僖七　曹昭公同上年

曹伯襄僖二十八經　曹共公僖二十三

曹伯壽宣十四　曹文公同上年

曹伯廬成十三年 曹宣公同上年

公子負芻成十三年 曹伯負芻襄十七年 曹成公成十五年

子臧成十五子臧惡篡弒之君抱清愼之故能守節讓位致邑全身公子之賢無以加也 公子

欣時成十三傳欣時卽子臧名也

曹伯滕昭十四年 曹武公同上年

曹伯須昭十八年 曹平公同上年

曹伯午昭二十七年 曹悼公昭二十八

曹伯露定公八年 曹靖公同上年

公孫彊哀七年寵嬖大夫執政喪國 司城彊哀八年

吳姬姓子爵周大王之子太伯仲雍之後也武王封周章爲吳子至壽夢而僭號稱王始通中國

吳子壽夢襄十二吳子乘名也同上年

吳子諸樊乘之長子也襄十四吳子遏名也襄二十五

吳子句餘襄二十八吳子夷末同上年註昭十五

吳子餘祭襄二十九戴吳史記即餘祭也

吳公子札襄二十九壽夢之子季子襄三十一註昭二十七至哀公十一年九十二餘歲札

襄二十九經季札襄三十一年註延州來季子昭二十七延州來季札之邑也

禮記謂之延陵季子

吳子僚昭二十年註其君僚昭二十七經州于昭二十七經

鱄設諸昭二十七年鱄諸定十註

吳公子光諸樊子也昭十七吳光十七年註昭三十吳子光定十四吳

子闔廬號也昭二十七年三十年闔廬同

吳太宰嚭晉大夫伯宗曾孫伯州犂之孫吳大夫哀元年七年太宰同子餘字也太

宰子餘哀八年

王子姑曹哀八年公子姑曹哀十七

邾曹姓子爵顓頊之後有陸終氏生子曰邾安周武王封其苗裔邾俠居邾十二世至儀父始見

春秋

邾儀父字也桓十七邾子克名也隱元莊十六年同邾莊公見後序與邾子

穿同諡

邾子蘧篨文十三邾文公文十四

邾定公文十四下定公同貜且同上年

邾子牼襄十七　邾宣公成十八

邾子華昭元年　邾悼公同上年

邾子穿定三年經　邾莊公同上年

邾子益定十五註哀七　邾隱公同上年下云邾子同

太子華哀八年二十四年並同　邾桓公

茅夷鴻哀七年　茅成子邾大夫也下云成子同上年

杞姒姓公爵夏禹之苗裔也武王克殷求禹後得東樓公而封之九世至成公始見春秋

杞子僖二十三年經杞入春秋自桓以來二年本皆侯爵莊二十七年為時王所黜稱伯成公始用
夷禮復為仲尼所貶故僖二十三年書杞子卒　杞成公同上年傳

杞子僖二十七年桓公朝魯猶有夷禮故亦書子　杞伯姑容襄六　杞桓公同上

年

杞伯匄襄二十三年 杞孝公同上年

杞子襄二十九年文公來盟復用夷禮春秋賤之故貶書子 杞伯益姑昭六年卒經復稱伯 杞文公同昭六年

杞伯郁釐昭二十四年 杞平公同上年

杞伯成定四年 杞悼公同上年

杞伯過哀八年 杞僖公哀九年

莒嬴姓子爵少昊之後周武王封茲輿於莒十一世至茲丕公始見春秋自共公以下微弱不復見

莒挐僖元年 莒子弟挐同上年

莒子僖二十六年經莒茲丕公同上年傳註莒夷無謚以號為稱此即時君之號也其後

各以遷都為號莒期定四年

莒紀公文十八庶其同上年經

太子僕莒紀公太子文十八莒僕同上年

犂比公號也襄十六襄二十一密州名也襄三十一買朱鉏同上年密州之字也

乃經傳互文鉏註唯一字

莒展昭元年展輿襄三十一

著丘公昭四年十四年莒子朱成十四

公弟庚輿昭十四莒子庚輿昭二十三經莒共公昭十九此一君有謚

僖二十六年杜云莒夷無謚此即不言

莒茲大夫莒大夫昭十四蒲餘侯同上年蒲輿侯茲夫此在下文

滕姬姓侯爵文王子叔繡之後也自叔繡至宣公十七世始見春秋

滕子嬰齊僖十九滕宣公同上年

滕子宣九年卒經不書名滕昭公同上年傳

滕子成十六年文公卒經不書名滕文公同上年傳滕侯並同上年滕本侯爵自隱十一年傳稱侯二年朝魯稱子蓋爲時王所黜其後不復本爵今文公傳註復云侯者是杜呼其舊爵

滕子原昭三年滕成公襄六

滕子寧昭二十八滕悼公同上年

滕子結哀四滕頃公同上年

滕子虞毋 哀十一 滕隱公 同上年

薛 任姓侯爵黃帝之苗裔仲虺居薛爲湯左相武王復其封爲薛侯齊桓黜之爲伯

薛伯穀 昭三十一年 薛獻公 同上年

薛伯定 定十二 薛襄公 同上年

薛伯夷 哀十年經 薛惠公 同上年經

許 姜姓男爵堯四嶽伯夷之國也周武王封文叔於許十一世至莊公始見春秋

許男業 文五年 許僖公 六年

許男新臣 僖四 許穆公 同上年

許男錫我 宣十七 許昭公 同上年

許男甯 襄二十六 許靈公 同上年

其君買 昭十九年許悼公瘧飲太子止之藥卒孔子以君父有疾藥當由醫太子可以視膳問安不宜獨進藥物責止失於慎慮致害君親故加弒逆之名亦以教誡

許悼公 同上年

許男成 哀十三年

許元公 同上年

雜小國 凡見經傳小國幷旁引者附

越子 定十四

勾踐 同上年允常子也下云越子勾踐

常壽過 昭十三

越大夫 同上

紀裂繻 紀國大夫隱二年

紀子帛 字也隱二

郕太子朱儒 文十一

郕伯 同上年

有窮后羿 襄四下云后羿

夷羿 同上年夷氏也下云羿同

鉏羿 註

戎子駒支 駒支名也

姜戎氏 同上襄十四

韓服桓九年巴大夫巴行人　巴客同上年名字諡號考其傳義亦行人與客雖非宜錄之

北燕伯昭十二北燕伯款昭三燕簡公同上昭六年簡公同

鄧侯吾離經桓七鄧侯傳同上

季杼哀元后杼襄四亦同少康子哀元少康元

孔甲夏之後夏之天子少康九世君夏后並昭二十九

逢公殷諸侯姜姓逢伯陵並同昭二十

州公州國名公爵淳于公淳于州國所都同桓五年

唐侯定三年唐成公同上年

南燕伯莊二十燕仲父同上年

虢公莊二十年周惠王爲子頹之亂失國二十一年虢公與鄭厲公共討子頹以安王室虢叔莊二十一

虢公醜僖五醜卽名也莊三十二年有神降於莘至僖五年爲晉獻所滅

卜招父僖十七招傳云招曰然

皐陶堯舜臣也文五年庭堅皐陶字也文十八年

高陽氏顓頊文十八年

高辛氏帝嚳文十八年

伯虎文十八年朱虎同上年

仲熊文十八熊羆同上年

渾敦文十八驩兜同上年

窮奇文十八共工同上年

檮杌文十八年饕餮傳無異名三苗也　夏鯀註云鯀夏禹父也同上

伯封昭二十八　封豕同上年其三凶封豕所有異呼皆天下之民各據其惡目之也

后夔妃昭二十八　玄妻同上年

管叔周公之兄成王叔父與蔡叔祿父作亂甚閎王室周公誅之　管叔鮮鮮卽叔之名也

同定四年

春秋名號歸一圖卷下

春秋年表

	平王四十九年
周	平王自四十九年入春秋
	隱公元年
魯	隱公息姑惠公長庶子亦名息
蔡	自宣侯考父二十八年入春秋戴侯子
曹	自桓公終生三十五年入春秋穆公子
衛	自桓公完十三年入春秋莊公太子
滕	至魯隱七年見滕侯卒
晉	自鄂侯二年入春秋孝侯子郄都于鄂
鄭	自莊公寤生入春秋武公子
齊	自僖公祿甫九年入春秋莊公子
秦	至穆公任好始見于春秋僖五年
楚	自武王十九年入春秋名熊通蚡冒弟
宋	自穆公和八年入春秋八月卒兄宣公
杞	自武公十一年入春秋
陳	自桓公鮑二十三年入春秋文公長子
吳	自太伯十九世至壽夢入春秋成六年
邾	儀父克後爲子
莒	至魯文公十八年見庶其
薛	魯隱公十一年見來朝名穀莊三十一
許	至魯隱十一年見莊公及許叔立至桓
郳	至魯僖七年見來朝

五十年	五十一年	桓王元年	二年		三年	四年	五年	六年
		平王太子洩父之子						
二年	三年	四年	五年		六年	七年	八年	九年
							六月卒桓	
		三月弒弟州吁自立			殺宣公晉立桓公弟			
						三月卒		
曰鄂侯							哀侯光立	
子殤公與夷立								
年見卒其後至昭三十一年見獻公卒								
十五年入許即穆公新臣								

	七年		八年	九年		十年
	十年		十一年	桓公元年		二年
			十一月弒桓公允立惠公子			
侯封人立宣公子						
鄂侯子	曲沃武公稱立莊伯子					
						正月
			來朝			

十一年	十二年		十三年	十四年
三年	四年		五年	六年
曲沃武公伐翼逐于汾隰小子侯立哀侯子				曲沃伯
弒穆公子莊公馮立				
			正月卒弟厲公佗殺太子免立蹢	

十五年	十六年	十七年	十八年	十九年	二十年	二十一年	
七年	八年	九年	十年	十一年	十二年	十三年	
			正月卒　曹莊公射姑立桓公世子				
					十一月卒衛惠公朔立宣		
誘殺之晉哀侯弟緡立							
				五月卒　鄭昭公忽立莊公太子			
年弒弟躍立亦爲厲公					八月卒太子免弟三長曰		

二十二年	二十三年	莊王元年		二年
	莊王桓王太子			
十四年	十五年	十六年		十七年
				六月卒哀侯獻
公太子		出奔齊衛黔牟立		
宋納鄭厲公突立忽出奔衛突奔忽復歸弒立子亹秋				
十二月卒子襄公諸兒立				
躍中曰林少曰杵臼林立爲莊公				
	入許			

三年	四年	五年
十八年	莊公元年	二年
四月薨	莊公同桓公子立	
舞立桓侯弟		
齊殺之立子儀昭公弟		
		十二月卒子閔
	十月卒宣公杵臼立	

六年

三年

三月卒子文王熊貲立

公捷立

七年

四年

八年

五年

齊立惠公黔牟奔周

郳犂來朝

甲午

九年	十年	十一年		十二年	十三年	十四年	十五年
六年	七年	八年		九年	十年	十一年	十二年
惠公復入							
		十一月弑無知自立		春殺無知桓公小白			
							八月

僖王元年	二年	三年		四年	五年
僖王莊王子					
十三年	十四年	十五年		十六年	十七年
				同盟于幽	
		晉滅	晉武公三十九年卒		
	納厲公殺子儀				
立襄公弟					
弒子游立秋殺子游桓公御說立					
				十二月卒	
				盟于幽	

惠王元年　二年

惠王僖王子　十八年　十九年

卒

晉獻公詭諸立武公子

六月卒子杜敖囏立弒成王頵

邾子瑣立

三年 二十年

蔡穆侯肸立哀侯子

立一作惲

四年 二十一年

五月鄭文公捷立厲公子

五年 二十二年

六年 二十三年

十一

七年

二十四年

月卒僖公夷立莊公子

八年

二十五年

五月卒

九年	十年	十一年		十二年	十三年	十四年	十五年
二十六年	二十七年	二十八年		二十九年	三十年	三十一年	三十二年
							八月
							卒
衞懿公赤立惠公子							
		四月卒文公蘧蒢立					
						四月薛伯	

甲子

十六年		十七年	十八年	十九年	二十年
閔公元年		二年	僖公元年	二年	三年

薨

閔公啓方莊公子八月弑僖公申閔公庶兄立

昭公班立僖公子

狄滅衛戴公申立黔

卒

二十一年	二十二年	二十三年
四年	五年	六年

卒弟衛文公燬立戴公弟

晉執虞公以媵秦穆

夏卒僖公業立

周	周事	魯	曹	晉		宋		
二十四年		七年	七月卒		姬			來朝
二十五年		八年	曹共公襄立昭公子					
襄王元年	襄王惠王太子鄭	九年		九月卒奚齊立殺齊及卓子晉惠公夷吾		正月卒太子襄公茲父立		
二年		十年						
三年		十一年						
四年		十二年					十二	

五年		六年	七年		八年	九年		十年
十三年		十四年	十五年		十六年	十七年		十八年
		冬卒蔡莊公甲午立穆侯子						
立閔公弟			秦獲晉侯歸					
						十二月卒無子		
月卒子穆公款立								

甲申

十一年	十九年	
十二年	二十年	
十三年	二十一年	
十四年	二十二年	
十五年	二十三年	
十六年	二十四年	
十七年	二十五年	四月

九月卒晉懷公

詭殺立孝公昭桓公子

五月卒子成公

十一月卒弟桓

十八年　十九年　二十年　二十一年　二十二年

二十六年　二十七年　二十八年　二十九年　三十年

卒　衛成公鄭立文公子出奔楚復歸晉人執衛侯衛

子圉立秦納文公重耳立獻公子殺懷公

六月卒弟昭公潘立

王臣立

公姑容立　來朝

六月卒子共公朔立

二十三年 三十一年

二十四年 三十二年

二十五年 三十三年 冬薨

二十六年 文公元年

二十七年 二年

文公與僖公子

立公子瑕殺衞侯歸于衞

十二月卒晉襄公讙立文公子

四月卒鄭穆公蘭立文公子

十月弒子穆王

二十八年		二十九年	三十年	三十一年		三十二年	三十三年	
三年		四年	五年	六年		七年	八年	
立								
				八月卒靈公夷皐立襄公子				
				夏卒康公罃立穆公子				
商臣立								
							四月卒昭	
			十月卒昭公錫我立					

甲辰

頃王元年		二年		三年	四年	五年	
頃王襄王子							
九年		十年		十一年	十二年	十三年	
八月卒		曹文公壽立共公子					
				滕昭公來朝			
						卒	
公杵臼立成公少子							
					來朝		
						五月卒子	
						五月卒子	

六年		匡王元年	二年	三年
		匡王頃王子		
十四年		十五年	十六年	十七年
		卒	蔡文公申立穆侯孫莊侯子	
五月卒子舍立弒立懿公商人即昭公弟五月弒兄惠				
子莊王旅立一名侶				
		十一月弒弟文公鮑立		
靈公平國立				
定公貜且立				

四年		五年	六年		定王元年	二年
					定王匡王弟	
十八年		宣公元年	二年		三年	四年
二月薨		宣公倭文公子立一名接又作委作倭				
		九月弒晉成公黑臀立襄公弟				
					十月卒靈公夷立弒	
公元立						
二月卒共公稻立康公子一名和					正月卒桓公立	
十月紀公庶其弒子季佗立						

三年	四年	五年		六年	七年		八年	九年
五年	六年	七年		八年	九年		十年	十一年

十月卒 衞穆公速

八月卒 滕文公立

九月卒 晉景公獳

鄭襄公堅立靈公庶弟

四月卒頃

共公子

五月弑楚

十年 | 十一年 | 十二年 | 十三年 | 十四年 | 十五年

十二年 | 十三年 | 十四年 | 十五年 | 十六年 | 十七年

二月

五月卒　曹宣公盧立文

立成公子

立成公子

公無野立惠公子

子入陳太子成公午立

正月

十六年 十八年
十七年 成公元年
十八年 二年
十九年 三年

十月薨 成公黑肱宣公子

卒 蔡景侯固立

公子亦名盧

九月卒 衛定

七月卒子共王審立

八月卒子共公固立

卒靈公甯立

甲戌

	二十年		二十一年	簡王元年	
	四年		五年	簡王六年	定王
公臧立穆公子					
	三月卒悼公費立			六月卒成	
				吳壽夢立	

二年	三年	四年	五年	六年		七年	八年	
子								
七年	八年	九年	十年	十一年		十二年	十三年	
							五月卒	
			六月卒厲公州蒲立景公太子					
公睔立悼公弟								
		十月卒靈公環立頃公子						
一曰乘								

九年 十年 十一年 十二年

十四年 十五年 十六年 十七年

曹成公負芻立宣公庶子

十月卒 衛獻公衎立定公子

四月卒滕成公原立

十月卒景公立桓公子

六月卒少子平公成立

二十

莒子朱卒一名渠丘公犂比公密州立又名買朱鉏

遷于葉

十三年		十四年		靈王元年	二年	三年	
				靈王簡王子			
十八年		襄公元年		二年	三年	四年	
八月薨		襄公午成公子					
正月殺悼公周立景公子							
				六月卒僖公髡頑立成公子			
						三月卒子哀公瀰立	
月卒宣公牼立來朝							

四年	五年	六年		七年	八年	九年	
五年	六年	七年		八年	九年	十年	
				十二月弒簡公嘉立僖公			
三月卒子孝公句立							
			穆公來朝				

十年　十一年　十二年　十三年　十四年

十一年　十二年　十三年　十四年　十五年

出奔齊　衛殤公剽立定

十一月卒晉平

子

九月卒子康王昭立

九月卒　吳諸樊立壽夢長子一曰遏

甲辰

十五年　十六年　十七年　十八年　十九年

十六年　十七年　十八年　十九年　二十年

十月卒　曹武公滕立成

公弟

公彪立悼公子

七月卒莊公光

晉執宣公二月卒悼公華立

晉執犂比公

二十五年		二十四年	二十三年	二十二年	二十一年	二十年	
二十六年		二十五年	二十四年	二十三年	二十二年	二十一年	
							公子
二月							
		五月弒景公杵臼立					
							立靈公子
					三月卒第文公益姑立		
		十二月卒吳餘蔡立					
八月							

	二十六年	二十七年	景王元年	二年	三年
			景王靈王子		
	二十七年	二十八年	二十九年	三十年	三十一年
					六月
				四月殺	蔡靈
殺	衛侯衎復歸		五月卒	衛襄公惡立獻	
莊公異母弟					
		十二月卒子郟敖麇立			
一名戴諸樊弟			五月弒	夷末立一名句	
					十一
卒悼公買立					

四年	五年	六年
昭公元年	二年	三年

薨
昭公稠襄公子立
侯般立景侯子
公子
正月卒
十一月弒靈王虔立康王弟一名圍
餘餘祭弟
六月卒莊公穿立
月弒子展輿立奔吳太子著丘公去疾立
穆公來朝

七年	八年	九年		十年		十一年
四年	五年	六年		七年		八年
				八月卒		衛靈
悼公寧立						
七月卒哀公立景公子						
	正月卒弟平公郁釐立					
						四月

十二年	十三年		十四年		十五年	十六年		十七年
九年	十年		十一年		十二年	十三年		十四年
			楚滅蔡		蔡平侯廬立景侯子			
								三月
公元立襄公子								
	七月卒		晉昭公夷立平公子					
					三月卒定公寧立簡公子			
						四月弒公子比立殺		
	十二月卒子元公佐立							
縊	冬楚滅陳封其大夫穿封戍爲陳公楚平王即位悼							
								八月
遷于夷								

甲戌

十八年 十五年
十九年 十六年
二十年 十七年
二十一年 十八年
二十二年 十九年

卒 曹平公須立武公子 三月卒 曹悼公午

八月卒 晉頃公去疾立昭公子

平王熊居立即棄疾靈王弟

太子之子吳歸于陳立是爲惠公

正月卒 吳僚立又名州于夷昧子

卒庚輿立是爲共公 奔紀障

遷于白羽五月卒斯

來朝

二十三年　二十四年　二十五年　敬王元年　二年　三年

二十年　二十一年　二十二年　二十三年　二十四年　二十五年

十一月卒蔡悼侯東國立廬之弟六月卒蔡昭侯
立平公子

十一
八月卒子悼公成立

來奔復納郊公

立

四年 二十六年

申立悼侯弟

九月卒昭王軫立平王子一名珍

月卒子景公頭曼立

五年 二十七年

十月卒

四月殺

六年 二十八年

曹聲公野立悼公弟

七月卒

四月卒獻公蠆立定公子

吳闔廬立一名光諸樊子

七年 二十九年

八年 三十年

滕頃公結

六月

九年　三十一年
十年　三十二年
十一年　定公元年
十二年　二年

十二月薨定公宋昭公弟

聲公殺　隱公通立平公弟

立
卒　晉定公午立頃公子

四月獻公穀卒子襄公定立

十三年		十四年		十五年		十六年	十七年
三年		四年		五年		六年	七年

隱公殺　靖公露立聲公弟

五月卒子隱公乞卒弟僖公過立

二月卒子懷公柳立

二月卒隱公益立

鄭滅許以

十七年	十八年	十九年	二十年
	十八年	十九年	二十年
	八年	九年	十年
	三月卒	曹伯陽立靖公子	
		四月卒聲公勝立獻公子	
		秋卒惠公立哀公太子之子	
	七月卒子閔公越立		
斯歸元公成立			

甲辰

二十一年	十一年	春卒比立弑惠公夷立一名寅
二十二年	十二年	
二十三年	十三年	
二十四年	十四年	五月卒
二十五年	十五年	五月 吳夫來朝

	二十六年		二十七年		二十八年	二十九年	
	哀公元年		二年		三年	四年	
薨	哀公蔣定公子立						
						二月殺	
			四月卒		衞出公輒立靈公太子蒯	八月卒	
					十月卒悼公立惠公子		
差立							
						晉執小邾子	

甲寅

三十年 五年

三十一年 六年

三十二年 七年

三十三年 八年

三十四年 九年

蔡成侯朔立昭侯子

宋滅曹虜伯陽

瞶子

隱公虞母立

九月卒晏孺子荼立殺悼公陽生立景公子

七月卒子惠王章立

十二月卒子閔公維立

來歸

春秋年表

三十五年	十年	三月弒簡公任立悼公子	來奔	五月卒	
三十六年	十一年				
三十七年	十二年				
三十八年	十三年				夏卒
三十九年	十四年				

春秋序

春秋者。魯史記之名也。記事者。以事繫日。以日繫月。以月繫時。以時繫年。所以紀遠近。別同異也。○〔別〕音鼈。故史之所記。必表年以首事。年有四時。故錯舉以爲所記之名也。周禮有史官。掌邦國四方之事。達四方之志。諸侯亦各有國史。大事書之於策。小事簡牘而已。孟子曰。楚謂之檮杌。晉謂之乘。而魯謂之春秋。其實一也。○〔乘〕去聲。韓宣子適魯。宣子名起。晉大夫。適魯在昭二年。見易象與魯春秋。曰。周禮盡在魯矣。○〔盡〕津忍反。後放此。吾乃今知周公之德與周之所以王。○〔王〕于況反。又如字。韓子所見。蓋周之舊

典禮經也周德既衰官失其守上之人不能使春秋
昭明赴告策書○[告]古毒反又如字諸所記注多違舊章仲尼
因魯史策書成文考其眞僞而志其典禮上以遵周
公之遺制下以明將來之法其教之所存文之所害
則刊而正之以示勸戒其餘則皆卽用舊史史有文
質辭有詳略不必改也故傳曰其善志又曰非聖人
孰能脩之蓋周公之志仲尼從而明之左丘明受經
於仲尼以爲經者不刊之書也故傳或先經以始事
○[先]去聲或後經以終義○[後]去聲或依經以辯理或錯經以
合異隨義而發其例之所重○[重]去聲舊史遺文略不盡

舉非聖人所脩之要故也身爲國史躬覽載籍必廣記而備言之其文緩其旨遠將令學者原始要終（要）○平聲尋其枝葉究其所窮優而柔之使自求之饜而飫之使自趨之○（趨）七住反又平聲若江海之浸膏澤之潤渙然冰釋怡然理順然後爲得也其發凡以言例皆經國之常制周公之垂法史書之舊章仲尼從而脩之以成一經之通體其微顯闡幽裁成義類者皆據舊例而發義指行事以正褒貶諸稱書不書先書故書不言不稱書曰之類皆所以起新舊發大義謂之變例然亦有史所不書卽以爲義者此蓋春秋新意故傳

不言凡曲而暢之也其經無義例因行事而言則傳
直言其歸趣而已○〔趣〕去聲非例也故發傳之體有三而
為例之情有五○〔為〕于僞反又如字一曰微而顯文見於此而
起義在彼○〔見〕音現下同稱族尊君命舍族尊夫人梁亡城
緣陵之類是也○〔舍〕音捨二曰志而晦約言示制推以知
例參會不地與謀曰及之類是也○〔參〕音驂又音三〔與〕音預三曰
婉而成章曲從義訓以示大順諸所諱辟璧假許田
之類是也○〔辟〕本作避音同後放此四曰盡而不汙○〔汙〕音紆曲也直書
其事具文見意丹楹刻桷天王求車齊侯獻捷之類
是也五曰懲惡而勸善求名而亡欲蓋而章書齊豹

盜三叛人名之類是也推此五體以尋經傳觸類而長之○（長）上聲附于二百四十二年行事王道之正人倫之紀備矣或曰春秋以錯文見義若如所論則經當有事同文異而無其義也先儒所傳皆不其然荅曰春秋雖以一字爲襃貶然皆須數句以成言○（數）色主反下同非如八卦之爻可錯綜爲六十四也固當依傳以爲斷古今言左氏春秋者多矣今其遺文可見者十數家大體轉相祖述進不成爲錯綜經文以盡其變退不守丘明之傳於丘明之傳有所不通皆沒而不說而更膚引公羊穀梁適足自亂預今所以爲異專

脩丘明之傳以釋經。經之條貫。必出於傳。（〔貫〕古亂反。）傳
之義例。摠歸諸凡。推變例以正褒貶。簡二傳而去異
端。（〔去〕上聲。）蓋丘明之志也。其有疑錯。則備論而闕之。以
俟後賢。然劉子駿創通大義。賈景伯父子。許惠卿。皆
先儒之美者也。末有潁子嚴者。雖淺近。亦復名家。（〔復〕
扶又反。下同。）故特舉劉賈許潁之違。以見同異。分經之年
與傳之年相附。比其義類。（〔比〕毗志反。）各隨而解之。名曰
經傳集解。又別集諸例及地名譜第歷數。（〔譜〕布古反。）相
與爲部。凡四十部。十五卷。皆顯其異同。從而釋之。名
曰釋例。將令學者觀其所聚異同之說。釋例詳之也。

或曰春秋之作左傳及穀梁無明文說者以爲仲尼自衛反魯脩春秋立素王○〔王〕去聲。下王魯素王同。丘明爲素臣言公羊者亦云黜周而王魯危行言孫以辟當時之害故微其文隱其義公羊經止獲麟而左氏經終孔丘卒敢問所安荅曰異乎余所聞仲尼曰文王既沒文不在茲乎此制作之本意也歎曰鳳鳥不至河不出圖吾已矣夫蓋傷時王之政也麟鳳五靈王者之嘉瑞也今麟出非其時虛其應而失其歸此聖人所以爲感也絕筆於獲麟之一句者所感而起固所以爲終也曰然則春秋何始於魯隱公荅曰周平王東周之始王也。隱公讓國之賢君也。考乎其時則相接。言乎其位則列國。本乎其始則周公之祚胤也。若平王能祈天永命。紹開中興。〇[中]丁仲反 隱公能弘宣祖業。光啓王室。則西周之美可尋。文武之迹不隊。是故因其歷數。附其行事。采周之舊。以會成王義。垂法將來。所書之王。即平王也。所用之歷。即周正也。所稱之公即魯隱也。安在其黜周而王魯乎。子曰。如有用我者。吾其爲東周乎。此其義也。若夫制作之文。所以章往考來。情見乎辭。言高則旨遠。辭約則義微。此理之常。非隱之也。聖人包周身之防。〇[防]扶放反又音房 既作之後。方復隱諱以辟患。非所聞也。子路欲使門人爲臣。孔子以爲欺天。而云仲尼素王。丘明素臣。又非通論也。先儒以爲制作三年。文成致麟。旣已妖妄。又引經以至仲尼卒。亦又近誣。據公羊經止獲麟。而左氏小邾射不在三叛之數。○〔射〕音亦。故余以爲感麟而作。作起獲麟。則文止於所起。爲得其實。至於反袂拭面。稱吾道窮。亦無取焉。

春秋經傳集解隱公第一

隱公名息姑。惠公之子。母聲子。諡法不尸其位曰隱。

杜氏註　盡十一年

傳。惠公元妃孟子。言元妃。明始適夫人也。子。宋姓。○惠公名不皇。諡法。愛人好與曰惠。[適]丁歷反。孟子卒。不稱薨。不成喪也。無諡。先夫死。不得從夫諡。○[諡]實至反。繼室以聲子。生隱公。聲。諡也。蓋孟子之姪娣也。諸侯始娶。則同姓之國。以姪娣媵。元妃死。則次妃攝治內事。猶不得稱夫人。故謂之繼室。○[姪]直結反。又丈一反。兄女也。[娣]大計反。女弟也。宋武公生仲子。仲子生而有文在其手。曰爲魯夫人。故仲子歸于我。婦人謂嫁曰歸。以手理自然成字。有若天命。故嫁之於魯。○婦人謂嫁曰歸。本或無曰字。此依公羊傳。生桓公而惠公薨。言歸魯而生男。惠公不以桓生之年薨。是以隱公立而奉之。隱公繼室之子當嗣世以禎祥之故追成父志為桓尚少是以立為大子帥國人奉之。為經元年春不書即位傳。○禎音貞〔為〕桓于僞反〔大〕舊太字皆作大後大字皆放此

經元年春王正月。隱公之始年周王之正月也凡人君即位欲其體元以居正故不言一年一月也隱雖不即位然攝行君事故亦朝廟告朔也告朔朝正例在襄二十九年即位例在隱莊閔僖元年。○〔朝〕直遙反下同

三月公及邾儀父盟于蔑。附庸之君未王命例稱名能自通于大國繼好息民故書字貴之名例在莊五年邾今魯國鄒縣也蔑姑蔑魯地魯國卞縣南有姑城。○〔蔑〕亡結反

夏五月鄭伯克段于鄢。不稱國討而言鄭伯譏失教也段不弟故不言弟明鄭伯雖失教而段亦凶逆以君討臣而用二君之例者言段彊大儁傑據大都以耦國所謂得儁曰克也國討例在莊二十二年得儁例在莊十一年母弟例在宣十七年鄭在滎陽宛陵縣西南鄢今潁川鄢陵縣。○〔段〕徒亂反〔鄢〕於晚反又於建反又於然反

秋七月天王使宰咺來

歸惠公仲子之賵。宰官咺名也咺贈死不及尸弔生不及哀豫凶事故貶而名之此天子大夫稱字之例仲子者桓公之母婦人無謚故以字配姓來者自外之文歸者不反之辭○〔咺〕呼阮反〔賵〕芳鳳反

九月及宋人盟于宿。客主無名皆微者也宿小國東平無鹽縣也凡盟以國地者國主亦與盟例在僖十九年宋今梁國睢陽縣○〔與〕音預下同〔睢〕音雖

冬十有二月。祭伯來。祭伯諸侯爲王卿士者祭國伯爵也傳曰非王命也釋其不稱使○〔祭〕側界反傳祭仲同

公子益師卒。傳例曰公不與小斂故不書日所以示薄厚也春秋不以日月爲例唯卿佐之喪獨託日以見義者事之得失既未足以褒貶人君然亦非死者之罪無辭可以寄文而人臣輕賤死日可略故特假日以見義○〔斂〕力驗反〔見〕賢遍反下同

傳元年春王周正月。言周以別夏殷○〔別〕彼列反〔夏〕戶雅反三代之號可以意求

不書即位攝也。假攝君政不脩即位之禮故史不書於策傳所以見異於常○〔見〕賢遍反

三月。公及邾儀父盟于蔑。邾子克也。克，儀父名。未王命故不書爵。曰儀父貴之也。王未賜命以為諸侯，其後儀父服事齊桓，以獎王室，王命以為邾子，故莊十六年，經書邾子克卒。○故不書爵，一本無故字。〔獎〕將丈反。公攝位而欲求好於邾。故為蔑之盟。解所以與盟也。○〔好〕呼報反。夏四月。費伯帥師城郎。不書。非公命也。費伯，魯大夫。郎，魯邑。高平方與縣東南有郁郎亭。傳曰君舉必書，然則史之策書，皆君命也。今不書於經，亦因史之舊法，故傳釋之。諸魯事，傳釋不書，他皆放此。○〔費〕音祕。〔郁〕於六反。初。鄭武公娶于申。曰武姜。申國，今南陽宛縣。○〔宛〕於元反。生莊公及共叔段。段出奔共，故曰共叔，猶晉侯在鄂，謂之鄂侯。○〔共〕音恭，地名。莊公寤生。驚姜氏。故名曰寤生。遂惡之。寐寤而莊公已生，故驚而惡之。○〔寤〕五故反。〔惡〕烏路反。愛共叔段。欲立之。欲立以為大子。亟請於武

公公弗許及莊公卽位爲之請制公曰制巖邑也虢
叔死焉他邑唯命虢叔東虢君也恃制巖險而不脩德鄭滅之恐段復然故開以他邑
虢國今滎陽縣○亟欺冀反數也爲于僞反虢瓜伯反國名請京使居之謂之京
城大叔公順姜請使段居京謂之京城大叔言寵異於衆臣京鄭邑今滎陽京縣○大音泰下皆
同祭仲曰都城過百雉國之害也祭仲鄭大夫方丈曰堵三堵曰雉一
雉之牆長三丈高一丈侯伯之城方五里徑三百雉故其大都不得過百雉○長直亮反又如字高古報
反又如字先王之制大都不過參國之一三分國城之一○參七南反又
音三中五之一小九之一今京不度非制也不合法度非先王制
君將不堪公曰姜氏欲之焉辟害對曰姜氏何厭之
有不如早爲之所使得其所宜○焉於虔反厭於鹽反無使滋蔓蔓難

圖也。蔓草猶不可除。況君之寵弟乎。公曰。多行不義必自斃。子姑待之。斃踣也。姑且也。○〔踣〕蒲北反。既而大叔命西鄙北鄙貳於己。鄙鄭邊邑。貳兩屬。公子呂曰。國不堪貳。君將若之何。公子呂。鄭大夫。欲與大叔。臣請事之。若弗與。則請除之。無生民心。叔久不除。則舉國之民。當生他心。公曰。無庸。將自及。言無用除之。禍將自及。大叔又收貳以爲己邑。前兩屬者。今皆取以爲己邑。至于廩延。言轉侵多也。廩延。鄭邑。陳留酸棗縣北有延津。○〔廩〕力錦反。子封曰。可矣。厚將得衆。子封。公子呂也。厚。謂土地廣大。公曰。不義不暱。厚將崩。不義於君。不親於兄。非衆所附。雖厚必崩。○〔暱〕女乙反。親也。大叔完聚。完城郭。聚人民。○〔完〕音桓。繕甲兵。具卒乘。步曰卒。車曰乘。○〔繕〕市戰反。〔乘〕繩證反。下同。將襲鄭。夫人將啓之。啓，開也。公聞其期，曰：可矣。命子封帥車二百乘以伐京。古者兵車一乘，甲士三人，步卒七十二人。京叛大叔段，段入于鄢，公伐諸鄢。五月辛丑，大叔出奔共。共國，今汲郡共縣。○(共)音恭。書曰：鄭伯克段于鄢。段不弟，故不言弟；如二君，故曰克；稱鄭伯，譏失教也；謂之鄭志，不言出奔，難之也。傳言夫子作春秋，改舊史以明義。不早為之所，而養成其惡，故曰失教。段實出奔，而以克為文，明鄭伯志在於殺，難言其奔。○(難)乃旦反。遂寘姜氏于城潁，城潁，鄭地。○(寘)之豉反。而誓之曰：不及黃泉，無相見也。地中之泉，故曰黃泉。既而悔之。潁考叔為潁谷封人，封人，典封疆者。聞之，有獻於公。公賜之食，食舍肉。公問之，對曰：小人有母，皆嘗小人之食矣，未嘗君之羹。

請以遺之。食而不啜羹。欲以發問也。宋華元殺羊爲羹饗士。蓋古賜賤官之常。○〔舍〕音捨。〔遺〕唯季反。下同。〔華〕戶化反。公曰。爾有母遺。緊我獨無。緊。語助。○〔緊〕烏今反。又烏帝反。潁考叔曰。敢問何謂也。據武姜在。設疑也。公語之故。且告之悔。對曰。君何患焉。若闕地及泉。隧而相見。其誰曰不然。隧。若今延道。○〔語〕魚據反。〔闕〕其月反。〔隧〕音遂。公從之。公入而賦。大隧之中。其樂也融融。賦。賦詩也。融融。和樂也。○〔樂〕音洛。下同。姜出而賦。大隧之外。其樂也洩洩。洩洩。舒散也。○〔洩〕羊世反。遂爲母子如初。君子曰。潁考叔。純孝也。純猶篤也。愛其母。施及莊公。詩曰。孝子不匱。永錫爾類。其是之謂乎。不匱。純孝也。莊公雖失之於初。孝心不忘。考叔感而通之。所謂永錫爾類。詩人之作。各以情言。君子論之。不以文害意。故春秋傳引詩。不皆與今說詩者同他皆放此。○[施]以豉反。又式智反。[匱]其位反。秋七月天王使宰咺來歸惠公仲子之賵緩且子氏未薨故名惠公葬在春秋前。故曰緩也。子氏仲子也。薨在二年。賵助喪之物。天子七月而葬同軌畢至言同軌以別四夷之國。○[別]彼列反。諸侯五月同盟至同在方嶽之盟。大夫三月同位至古者行役不踰時。士踰月外姻至踰月度月也。姻猶親也。此言赴弔各以遠近爲差。因爲葬節。贈死不及尸尸未葬之通稱。○[稱]尺證反。弔生不及哀諸侯已上既葬則縗麻除。無哭位。諒闇終喪。○[上]時掌反。[縗]七雷反。[諒]音亮。又音良。[闇]如字。豫凶事非禮也仲子在而來贈。故曰豫凶事。八月紀人伐夷夷不告故不書夷國在城陽莊武縣。紀國在東莞劇縣。隱十一年傳例曰。凡諸侯有命告則書。不然則否。史不書於策。故夫子亦不書于經。傳見其事。以明春秋例也。他皆放此。○[莞]音官。有蜚不爲災亦不書。蜚負蠜也。莊二十九年傳例曰。凡物不爲災不書。又於此發之者。明傳之所據非唯史策。兼采簡牘之記。他皆放此。○[蜚]扶味反。[蠜]音煩。

惠公之季年。敗宋師于黃。黃。宋邑。陳留外黃縣東有黃城。○[敗]音拜。敗他也。後放此。

公立而求成焉。九月。及宋人盟于宿。始通也。經無義例。故傳直言其歸趣而已。他皆放此。

冬十月庚申。改葬惠公。公弗臨。故不書。以桓爲大子。故隱公讓而不敢爲喪主。隱攝君政。故據隱而言。

惠公之薨也。有宋師。大子少。葬故有闕。是以改葬。○[少]去聲。

衛侯來會葬。不見公。亦不書。諸侯會葬。非禮也。不得接公成禮。故不書於策。他皆放此。衛國在汲郡朝歌縣。○[朝]如字。

鄭共叔之亂。公孫滑出奔衛。公孫滑。共叔段之子。○[滑]于八反。又乎八反。

衛人爲之伐鄭。取廩延。鄭人以王師。虢師。伐衛南鄙。虢。西虢國也。弘農陝縣東南有虢城。○[爲]于僞反。[陝]

失冉反請師於邾邾子使私於公子豫公子豫魯大夫私請師○[豫]音預豫請往公弗許遂行及邾人鄭人盟于翼翼邾地不書非公命也新作南門不書亦非公命也非公命不書三見者皆與作大事各舉以備文十二月祭伯來非王命也衆父卒衆父公子益師字○[衆]音終公不與小斂故不書日禮卿佐之喪小斂大斂君皆親臨之崇恩厚也始死情之所篤禮之所崇故以小斂爲文至於但臨大斂及不臨其喪亦同不書日○[與]音預[斂]力驗反注皆同

經二年春公會戎于潛戎狄夷蠻皆氐羌之別種也戎而書會者順其俗以爲禮皆謂居中國若戎子駒支者陳留濟陽縣東南有戎城潛魯地○[氐]都兮反[羌]卻良反[種]章勇反[駒]音拘[濟]子禮反水名凡地名皆同夏五月莒人入向向小國也譙國龍亢縣東南有向城

莒國今城陽莒縣也將卑師少稱人弗地曰入例在襄十三年○〔向〕舒亮反〔亢〕音剛又苦浪反無駭
帥師入極。無駭魯卿極附庸小國無駭不書氏未賜族賜族例在八年○〔駭〕戶楷反秋八
月庚辰公及戎盟于唐。高平方與縣北有武唐亭八月無庚辰庚辰七月九日也
日月必有誤○〔方〕音房〔與〕音預九月紀裂繻來逆女。裂繻紀大夫傳曰卿爲君逆也
以別卿自逆也逆女或稱使或不稱使昏禮不稱主人史各隨其實而書非例也他放此○〔繻〕音須冬。
十月伯姬歸于紀。無傳伯姬魯女裂繻所逆者紀子帛莒子盟于
密。子帛裂繻字也莒魯有怨紀侯既昏于魯使大夫盟莒以和解之子帛爲魯結好息民故傳曰魯故
也比之內大夫而在莒子上稱字以嘉之也字例在閔元年密莒邑城陽淳于縣東北有密鄉○〔帛〕音白
〔解〕如字又戶買反〔好〕呼報反十有二月乙卯夫人子氏薨。無傳桓未爲君
仲子不應稱夫人隱讓桓以爲大子成其母喪以赴諸侯故經於此稱夫人也不反哭故不書葬例在三

年。鄭人伐衛。（凡師有鐘鼓曰伐。例在莊二十九年。）

傳二年春，公會戎于潛，脩惠公之好也。戎請盟，公辭。（許其脩好而不許其盟。禦夷狄者不壹而足。○好，呼報反。下同。）莒子娶于向，向姜不安莒而歸。夏，莒人入向，以姜氏還。（傳言失昏姻之義。凡得失小故，經無異文，而傳備其事，案文則是非足以爲戒。他皆放此。○還音旋。後皆同。）司空無駭入極，費庈父勝之。（魯司徒、司馬、司空皆卿也。庈父，費伯也。前年城郎，今因得以勝極，故傳於前年發之。○庈音琴。）戎請盟。秋，盟于唐，復脩戎好也。（○復，扶又反。）九月，紀裂繻來逆女，卿爲君逆也。（○爲，于僞反。）冬，紀子帛、莒子盟于密，魯故也。鄭人伐衛，討公孫滑之亂也。（治元年取廩延之亂。）

經三年春王二月己巳日有食之無傳日行遲一歲一周天月行疾一歲

月一周天一歲凡十二交會然日月動物雖行度有大量不能不小有盈縮故有雖交會而不食者或有頻交而食者唯正陽之月君子忌之故有伐鼓用幣之事今釋例以長歷推經傳明此食是二月朔也不書朔史失之書朔日例在桓十七年○〔己〕〔巳〕上音紀下音祀後倣此〔食〕如字本或作蝕音同〔量〕音亮〔縮〕所六反

三月庚戌天王崩周平王也實以壬戌崩欲諸侯之速至故遠日以赴春秋不書實崩日而書遠日者卽傳其偽以懲創臣子之過也襄二十九年傳曰鄭上卿有事使印段如周會葬今不書葬魯不會○卽〔傳〕直專反〔印〕因刃反

夏四月辛卯君氏卒隱不敢從正君之禮故亦不敢備禮於其母

秋武氏子來求賻武氏子天子大夫之嗣也平王喪在殯新王未得行其爵命聽於冢宰故傳曰王未葬釋其所以稱父族又不稱使也魯不共奉王喪致令有求經直文以示不敬故傳不復具釋也○〔賻〕音附〔共〕音恭

八月庚辰宋公和卒稱卒者略

外以別內也。元年大夫盟於宿，故赴以名。例在七年。○[別]音鼈。冬十有二月。齊侯鄭伯盟于石門。來告，故書。石門，齊地。或曰濟北盧縣故城西南濟水之門。癸未。葬宋穆公。無傳。魯使大夫會葬，故書。始死，書卒，史在國承赴，爲君故，惡其薨名，改赴書也。書葬，則舉謚稱公者，會葬者在外，據彼國之辭也。書葬例在昭六年。○[爲]于僞反，[惡]烏路反。

傳。三年。春。王三月。壬戌。平王崩。赴以庚戌。故書之。夏。君氏卒。聲子也。不赴于諸侯。不反哭于寢。不祔于姑。故不曰薨。不稱夫人。故不言葬。夫人喪禮有三，薨則赴於同盟之國，一也。既葬，日中自墓反，虞於正寢，所謂反哭于寢，二也。卒哭而祔於祖姑，三也。若此，則書曰夫人某氏薨，葬我小君某氏，此備禮之文也。其或不赴不祔，則爲不成喪，故死不稱夫人薨，不言葬我小君某氏，反哭則書葬，不反哭則不書葬，今聲子三禮皆闕。釋例論之詳矣。○[祔]音附。不書姓。爲公故。曰君氏。不書姓。辟正夫人也。隱見爲君。故特書於經。稱曰君氏。以別凡妾媵。○(爲)爲公。于僞反。鄭武公莊公爲平王卿士。卿士。王卿之執政者。言父子秉周之政。王貳于虢。虢。西虢公。亦仕王朝。王欲分政於虢。不復專任鄭伯。○(朝)直遙反。(復)扶又反。(任)而鴆反。後不音者皆同。鄭伯怨王。王曰無之。故周鄭交質。王子狐爲質於鄭。鄭公子忽爲質於周。王子狐。平王子。○(質)音致。下同。(狐)音胡。王崩。周人將畀虢公政。周人遂成平王本意。○(畀)必二反。與也。四月。鄭祭足帥師取溫之麥。秋。又取成周之禾。四月。今二月也。秋。今之夏也。麥禾皆未熟。言取者。蓋芟踐之。溫。今河內溫縣。成周。洛陽縣也。○(祭)側界反。(芟)所銜反。周鄭交惡。兩相疾惡。君子曰。信不由中。質無益也。明恕而行。要之以禮。雖無有質。誰能閒之。苟有明信。澗谿沼沚之毛。谿亦澗也。沼。池也。沚。

小渚也。毛，草也。○[要]於遙反。蘋蘩薀藻之菜蘋，大蓱也。蘩，皤蒿。薀藻，聚藻也。○[薀]紆粉
反。[蓱]蒲丁反。[皤]蒲多反。白蒿也。筐筥錡釜之器方曰筐，圓曰筥。無足曰釜，有足曰錡。○[筐]
丘方反。[筥]九呂反。[錡]其綺反。筐筥皆器也。潢汙行潦之水潢汙，渟水。行潦，流潦。○[潢]音黃。
[汙]音烏。可薦於鬼神可羞於王公羞，進也。而況君子結二
國之信行之以禮又焉用質通言盟約彼此之情，故言二國。○[焉]於虔反。
風有采蘩采蘋采蘩、采蘋，詩國風。義取於不嫌薄物。雅有行葦泂酌詩大
雅也。行葦篇義取忠厚也。泂酌篇義取雖行潦可以共祭祀也。○[泂]音迥。昭忠信也明有忠信
之行，雖薄物皆可爲用。○[行]下孟反。武氏子來求賻王未葬也宋穆公
疾召大司馬孔父而屬殤公焉曰先君舍與夷而立
寡人先君，穆公兄宣公也。與夷，宣公子，即所屬殤公。○[屬]章欲反。[殤]舒羊反。[舍]音捨。[與]如字，一音餘。

寡人弗敢忘若以大夫之靈得保首領以沒先君若問與夷其將何辭以對請子奉之以主社稷寡人雖死亦無悔焉對曰羣臣願奉馮也馮穆公子莊公也○[馮]皮冰反公曰不可先君以寡人爲賢使主社稷若弃德不讓是廢先君之舉也豈曰能賢言不讓則不足稱賢光昭先君之令德可不務乎吾子其無廢先君之功先君以舉賢爲功我若不賢是廢之使公子馮出居於鄭辟殤公也八月庚辰宋穆公卒殤公卽位君子曰宋宣公可謂知人矣立穆公其子饗之命以義夫命出於義也夫語助○[夫]音符商頌曰殷受命咸宜百祿是荷其是之謂乎詩頌言殷湯武丁受命皆以義故任荷天之百祿也帥義而行

則殤公宜受此命宜荷此祿公子馮不帥父義忿而出奔因鄭以求入終傷咸宜之福故知人之稱唯在宣公也殷禮有兄弟相及不必傳子孫宋其後也故指稱商頌○[荷]河可反又音何[稱]尺證反冬齊鄭盟于石門尋盧之盟也盧盟在春秋前盧齊地今濟北盧縣故城庚戌鄭伯之車僨于濟既盟而遇大風傳記異也十二月無庚戌日誤○[僨]弗問反仆也衛莊公娶于齊東宮得臣之妹曰莊姜得臣齊大子也大子不敢居上位故常處東宮美而無子衛人所爲賦碩人也碩人詩義取莊姜美于色賢于德而不見荅終以無子國人憂之○[爲]于僞反又娶于陳曰厲嬀生孝伯早死陳今陳國陳縣○[嬀]九危反其娣戴嬀生桓公莊姜以爲己子嬀陳姓也厲戴皆謚雖爲莊姜子然大子之位未定公子州吁嬖人之子也嬖親幸也○[吁]況于反[嬖]必計反賤而得幸曰嬖有寵而好兵公弗禁莊

姜惡之。石碏諫曰。臣聞愛子。教之以義方。石碏。衛大夫。○[碏]七略反。弗納於邪。驕奢淫泆。所自邪也。四者之來。寵祿過也。將立州吁。乃定之矣。若猶未也。階之為禍。言將立為大子。則宜早定。若不早定。州吁必緣寵而為禍。○[泆]音逸。夫寵而不驕。驕而能降。降而不憾。憾而能昣者。鮮矣。如此者少也。降其身則必恨。恨則思亂。不能自安。自重。○[憾]胡暗反。[昣]之忍反。重也。[鮮]息淺反。且夫賤妨貴。少陵長。遠閒親。新閒舊。小加大。小國而加兵於大國。如息侯伐鄭之比。○[妨]音芳。[少]詩照反。[長]丁丈反。[閒]閒廁之閒。下同。[比]必二反。淫破義。所謂六逆也。君義。臣行。父慈。子孝。兄愛。弟敬。所謂六順也。臣行君之義。去順效逆。所以速禍也。君人者。將禍是務去。而速之。無乃不可乎。弗聽。其

子厚與州吁游禁之不可桓公立乃老老致仕也四年經書州吁弒其君故傳先經以始事○〔去〕起呂反〔先〕悉薦反

經四年春王二月莒人伐杞取牟婁無傳書取言易也例在襄十三年杞國本都陳留雍丘縣推尋事跡桓六年淳于公亡國杞似并之遷都淳于僖十四年又遷緣陵襄二十九年晉人城杞之淳于杞又遷都淳于牟婁杞邑城陽諸縣東北有婁鄉○〔杞〕音起〔牟〕亡侯反〔易〕以豉反〔雍〕於用反

戊申衛州吁弒其君完稱臣弒君臣之罪也例在宣四年戊申三月十七日有日而無月

夏公及宋公遇于清遇者草次之期二國各簡其禮若道路相逢遇也清衛邑濟北東阿縣有清亭

宋公陳侯蔡人衛人伐鄭

秋翬帥師會宋公陳侯蔡人衛人伐鄭公子翬魯大夫不稱公子疾其固請強君以不義也諸外大夫貶皆稱人至於內大夫貶則皆去族稱名於記事之體他國可言某人而己國

之卿佐不得言魯人此所以爲異也翬溺去族傳曰疾之叔孫豹則曰言違命此其例也○[翬]許歸反[强]其丈反[去]起呂反下同[溺]乃歷反

九月衛人殺州吁于濮州吁弑君而立未列於會故不稱君例在成十六年濮陳地水名○[濮]音卜

冬十有二月衛人立晉衛人逆公子晉而立之善其得衆故不書入於衛變文以示義例在成十八年

傳四年春衛州吁弑桓公而立公與宋公爲會將尋宿之盟未及期衛人來告亂夏公及宋公遇于清宿盟在元年宋殤公之卽位也公子馮出奔鄭鄭人欲納之及衛州吁立將脩先君之怨於鄭謂二年鄭人伐衛之怨而求寵於諸侯以和其民諸篡立者諸侯旣與之會則不復討故欲求此寵使告於宋曰君若伐鄭以除君害害謂宋公子馮君爲主敝邑以

賦與陳蔡從則衞國之願也 言舉國之賦調○〔從〕才用反〔調〕徒弔反 宋人許之於是陳蔡方睦於衞 蔡今汝南上蔡縣 故宋公陳侯蔡人衞人伐鄭圍其東門五日而還公問於衆仲曰衞州吁其成乎 衆仲魯大夫 對曰臣聞以德和民不聞以亂 亂謂阻兵而安忍 以亂猶治絲而棼之也 絲見棼縕益所以亂○〔棼〕音墳〔縕〕於云反 夫州吁阻兵而安忍阻兵無衆安忍無親衆叛親離難以濟矣 恃兵則民殘民殘則衆叛安忍則刑過刑過則親離 夫兵猶火也弗戢將自焚也夫州吁弑其君而虐用其民於是乎不務令德而欲以亂成必不免矣 ○〔戢〕莊立反 秋諸侯復伐鄭宋公使來乞師 乞師不書非卿 公辭之 從衆仲之言 羽父

請以師會之羽父公子翬公弗許固請而行故書曰翬帥
師疾之也諸侯之師敗鄭徒兵取其禾而還時鄭不車戰
州吁未能和其民厚問定君於石子石子石碏也以州吁不安諸其
父石子曰王覲爲可曰何以得覲曰陳桓公方有寵
於王陳衛方睦若朝陳使請必可得也厚從州吁如
陳石碏使告于陳曰衛國褊小老夫耄矣無能爲也
此二人者實弒寡君敢卽圖之八十曰耄稱國小己老自謙以委陳使因
其往就圖之陳人執之而請涖于衛請衛人自臨討之○[涖]音利九月
衛人使右宰醜涖殺州吁于濮石碏使其宰獳羊肩
涖殺石厚于陳君子曰石碏純臣也惡州吁而厚與

焉。大義滅親其是之謂乎。子從弒君之賊。國之大逆。不可不除。故曰大義滅親。明小義則當兼子愛之。○〔獳〕奴侯反。〔惡〕烏路反。〔與〕音預。衞人逆公子晉于邢。冬。十二月。宣公卽位。公子晉也。○〔邢〕音刑。國名。書曰衞人立晉。衆也。

經五年春。公矢魚于棠。書陳魚以示非禮也。書棠。譏遠地也。今高平方與縣北有武唐亭。魯侯觀魚臺。夏四月。葬衞桓公。秋。衞師入郕。將卑師衆。但稱師。此史之常也。○〔郕〕音成。國名。九月。考仲子之宮。初獻六羽。成仲子宮。安其主而祭之。惠公以仲子手文。娶之。欲以爲夫人。諸侯無二嫡。蓋隱公成父之志。爲別立宮也。公問羽數。故書羽。婦人無諡。因姓以名宮。邾人鄭人伐宋。邾主兵。故序鄭上。螟。無傳。蟲食苗心者。爲災。故書。冬。十有二月。辛巳。公子彄卒。大夫書卒不書葬。葬者臣子之事。非公家所及。○〔彄〕苦侯反。宋人伐鄭。圍長葛。潁川長社縣北有長葛城。

傳五年春公將如棠觀魚者臧僖伯諫曰凡物不足以講大事臧僖伯公子彄也僖諡也大事祀與戎其材不足以備器用則君不舉焉材謂皮革齒牙骨角毛羽也器用軍國之器君將納民於軌物者也故講事以度軌量謂之軌取材以章物采謂之物不軌不物謂之亂政亂政亟行所以敗也言器用衆物不入法度則爲不軌不物亂敗之所起○度待洛反一音如字亟欺冀反數也故春蒐夏苗秋獮冬狩蒐索擇取不孕者苗爲苗除害也獮殺也以殺爲名順秋氣也狩圍守也冬物畢成獲則取之無所擇也○蒐所求反獮息淺反皆於農隙以講事也各隨時事之閒○隙去逆反三年而治兵入而振旅雖四時講武猶復三年而大習出曰治兵始治其事入曰振旅治兵禮畢整衆而還振整也旅衆也歸而飲至以數軍實

歛於廟以數車徒器械及所獲也○(數)所主反。昭文章。車服旌旗。明貴賤。辨等列。等列行伍。順少長。出則少者在前還則在後所謂順也○(少)詩照反。習威儀也。鳥獸之肉不登於俎。俎祭宗廟器。皮革齒牙骨角毛羽不登於器。謂以飾法度之器。則公不射。古之制也。若夫山林川澤之實。器用之資。皁隸之事。官司之守。非君所及也。士臣皁皁臣輿輿臣隸言取此雜猥之物以資器備是小臣有司之職非諸侯之所親也○(射)食亦反(皁)才早反。公曰。吾將略地焉。孫辭以略地略總攝巡行之名傳曰東略之不知西則否矣○(行)下孟反。遂往陳魚而觀之。陳設張也公大設捕魚之備而觀之。僖伯稱疾不從。書曰。公矢魚于棠。非禮也。且言遠地也。矢亦陳也棠實他竟故曰遠地○(從)才用反。曲沃莊伯以鄭人邢人伐翼。曲沃晉別封成

師之邑在河東聞喜縣莊伯成師子也翼晉舊都在平陽絳邑縣東邢國在廣平襄國縣○〔沃〕烏毒反
王使尹氏武氏助之翼侯奔隨尹氏武氏皆周世族大夫也晉內相攻伐
不告亂故不書傳具其事爲後晉事張本曲沃及翼本末見桓二年隨晉地夏葬衛桓公
衛亂是以緩有州吁之亂十四月乃葬傳明其非慢也四月鄭人侵衛牧
牧衛邑經書夏四月葬衛桓公今傳直言夏而更以四月附鄭人侵衛牧者於下事宜得月以明事之先
後故不復備舉經文三年君氏卒其義亦同他皆放此以報東門之役東門役在四年
衛人以燕師伐鄭南燕國今東郡燕縣鄭祭足原繁洩駕以三
軍軍其前使曼伯與子元潛軍軍其後燕人畏鄭三
軍而不虞制人北制鄭邑今河南成皐縣也一名虎牢○〔洩〕息列反六月鄭二
公子以制人敗燕師于北制二公子曼伯子元也君子曰不備

不虞。不可以師。曲沃叛王。秋王命虢公伐曲沃。而立哀侯于翼。春。翼侯奔隨。故立其子光。衛之亂也。郕人侵衛。故衛師入郕。郕國也。東平剛父縣西南有郕鄉。九月。考仲子之宮。將萬焉。萬舞也。公問羽數於衆仲。問執羽人數。對曰。天子用八。八八六十四人。諸侯用六。六六三十六人。大夫四。四四十六人。士二。二二四人。士有功。賜用樂。夫舞所以節八音而行八風。八音。金石絲竹匏土革木也。八風。八方之風也。以八音之器。播八方之風。手之舞之。足之蹈之。節其制而序其情。○八音。金鐘。石磬。絲琴瑟。竹簫管。土塤。木柷敔。匏笙。革鼓也。八方之風。謂東方谷風。東南清明風。南方凱風。西南涼風。西方閶闔風。西北不周風。北方廣莫風。東北融風。故自八以下。唯天子得盡物數。故以八。爲列諸侯則不敢用八。公從之。於是初獻六羽。始用六佾也。魯唯文王周公廟得用八。而他

公遂因仍僭而用之今隱公特立此婦人之廟詳問
衆仲衆仲因明大典故傳亦因言始用六佾其後季
氏舞八佾於庭知唯在仲子廟用六○〔佾〕音逸宋人取邾田邾人告於鄭曰
請君釋憾於宋敝邑爲道釋四年再見伐之恨○〔道〕音導鄭人以王
師會之王師不書不以告也伐宋入其郛以報東門之役郛郭也東
門役在四年○〔郛〕芳夫反宋人使來告命告命策書公聞其入郛也將
救之問於使者曰師何及對曰未及國忿公知而故問責窮辭○
〔使〕所吏反公怒乃止辭使者曰君命寡人同恤社稷之難
今問諸使者曰師未及國非寡人之所敢知也爲七年公
伐邾傳○〔難〕乃旦反冬十二月辛巳臧僖伯卒公曰叔父有憾
於寡人諸侯稱同姓大夫長曰伯父少曰叔父有恨恨諫觀魚不聽寡人弗敢忘

葬之加一等。加命服之等。宋人伐鄭圍長葛以報入郛之役也。

經六年春鄭人來渝平。和而不盟曰平。○【渝】羊朱反。變也。夏五月辛酉公會齊侯盟于艾。泰山牟縣東南有艾山。○【艾】五蓋反。秋七月。雖無事而書首月具四時以成歲也。他皆放此。冬宋人取長葛。秋取冬乃告也。上有伐鄭圍長葛長葛鄭邑可知故不言鄭也。前年冬圍不克而還今冬乘長葛無備而取之言易也。○【易】以豉反。

傳六年春鄭人來渝平更成也。渝變也。公之為公子戰於狐壤為鄭所執逃歸怨鄭鄭伐宋公欲救宋宋使者失辭公怒而止忿宋則欲厚鄭鄭因此而來故經書渝平傳曰更成。翼九宗五正頃父之子嘉父逆晉侯于隨。翼晉舊都也。唐叔始封受懷姓九宗職官五正遂世為晉強家。五正五官之長。九宗一姓為九族也。頃父之子嘉父晉大夫。○

〔頃〕音傾。納諸鄂。晉人謂之鄂侯。（鄂晉別邑。諸地名疑者。皆言有以示不審。闕者不復記其闕。他皆放此。前年桓王立此侯之子於翼。故不得復入翼。別居鄂。）夏盟于艾。始平于齊也。（春秋前魯與齊不平。今乃弃惡結好。故言始平于齊。〇〔好〕呼報反。）五月庚申。鄭伯侵陳。大獲。往歲鄭伯請成于陳。（成猶平也。）陳侯不許。五父諫曰。親仁善鄰。國之寶也。君其許鄭。（五父陳公子佗。）陳侯曰。宋衛實難。（可畏難也。〔難〕乃旦反。）〇鄭何能爲。遂不許。君子曰。善不可失。惡不可長。其陳桓公之謂乎。長惡不悛。從自及也。（悛止也。從隨也。〇〔悛〕七全反。）雖欲救之。其將能乎。商書曰。惡之易也。如火之燎于原。不可鄉邇。（商書盤庚。言惡易長。如火焚原野。不可鄉近。）其猶可撲滅。（言不可撲滅。）周任有言。（周任周大夫。）

曰。爲國家者見惡如農夫之務去草焉。芟夷蘊崇之。絕其本根。勿使能殖。則善者信矣。（芟。刈也。夷。殺也。蘊。積也。崇。聚也。○〔去〕起呂反。〔芟〕所銜反。〔蘊〕紆粉反。〔信〕如字。一音申。）秋。宋人取長葛。冬。京師來告饑。公爲之請糴於宋衛齊鄭。禮也。（告饑不以王命。故傳言京師。而不書於經也。雖非王命。而公共以稱命。己國不足。旁請鄰國。故曰禮也。傳見隱之賢。○〔爲〕于僞反。）鄭伯如周。始朝桓王也。（桓王即位。周鄭交惡。至是乃朝。故曰始。）王不禮焉。周桓公言於王曰。我周之東遷。晉鄭焉依。（周桓公。周公黑肩也。周采地。扶風雍縣東北有周城。幽王爲犬戎所殺。平王東徙。晉文侯。鄭武公。左右王室。故曰晉鄭焉依。○〔焉〕依如字。或於虔反。）善鄭以勸來者。猶懼不蔇。（蔇。至也。○〔蔇〕其器反。）況不禮焉。鄭不來矣。（爲桓五年諸侯從王伐鄭傳。）

經七年春王三月叔姬歸于紀。無傳叔姬伯姬之娣也至是歸者待年於父母國不與嫡俱行故書。滕侯卒。傳例曰不書名未同盟也滕國在沛國公丘縣東南○〔沛〕音貝。

夏城中丘。城例在莊二十九年中丘在琅邪臨沂縣東北。齊侯使其弟年來聘。諸聘皆使卿執玉帛以相存問例在襄九年。秋公伐邾。冬天王使凡伯來聘。凡伯周卿士凡國伯爵也汲郡共縣東南有凡城。戎伐凡伯于楚丘以歸。戎鳴鐘鼓以伐天子之使見夷狄强虣不書凡伯敗者單使無衆非戰陳也但言以歸非執也楚丘衛地在濟陰成武縣西南○〔虣〕蒲報反。

傳七年春滕侯卒不書名未同盟也。凡諸侯同盟於是稱名。故薨則赴以名。盟以名告神故薨亦以名告同盟。告終稱嗣也。以繼好息民。告亡者之終稱嗣位之主嗣位之主當奉而不忘故曰繼好好同則和親。

故曰息民謂之禮經此言凡例乃周公所制禮經也十一年不告之例又曰不書於策明禮經皆當書於策仲尼脩春秋皆承策為經丘明之傳博采衆記故始開凡例特顯此二句他皆放此夏城中丘書不時也齊侯使夷仲年來聘結艾之盟也艾盟在六年秋宋及鄭平七月庚申盟于宿公伐邾為宋討也公距宋而更與鄭平欲以鄭為援今鄭復與宋盟故懼而伐邾欲以求宋故曰為宋討○〔為〕宋于僞反初戎朝于周發幣于公卿凡伯弗賓朝而發幣於公卿如今計獻詣公府卿寺冬王使凡伯來聘還戎伐之于楚丘以歸傳言凡伯所以見伐陳及鄭平六年鄭侵陳大獲今乃平十二月陳五父如鄭涖盟涖臨也壬申及鄭伯盟歃如忘志不在於歃血○〔歃〕色洽反〔忘〕亡亮反服虔云如而也洩伯曰五父必不免不賴盟矣洩伯鄭洩駕○

〔洩〕息列反。鄭良佐如陳涖盟。良佐，鄭大夫。辛巳，及陳侯盟，亦知陳之將亂也。入其國，觀其政治，故揔言之也。皆爲桓五年、六年陳亂，蔡人殺陳佗傳。鄭公子忽在王所，故陳侯請妻之。以忽有王寵故。○〔妻〕七計反。鄭伯許之，乃成昏。爲鄭忽失齊昏援，以至出奔傳。

經八年春，宋公、衛侯遇于垂。垂，衛地。濟陰句陽縣東北有垂亭。○〔句〕古侯反。

三月，鄭伯使宛來歸祊。宛，鄭大夫。不書氏，未賜族。祊，鄭祀泰山之邑，在琅邪費縣東南。○〔宛〕於阮反。〔祊〕必彭反。〔費〕音秘。

庚寅，我入祊。桓元年乃卒易祊田。知此入祊，未肯受而有之。

夏六月己亥，蔡侯考父卒。無傳。襄六年傳曰：杞桓公卒，始赴以名，同盟故也。諸侯同盟稱名者，非唯見在位二君也，嘗與其父同盟，則亦以名赴其子，亦所以繼好也。蔡未與隱盟，蓋春秋前與惠公盟，故赴以名。○〔見〕賢遍反。

辛亥，宿男卒。無傳。元年，宋魯大夫盟于宿，宿與盟也。晉荀偃禱河。稱齊晉君名。然後自稱名。知雖大夫出盟。亦當先稱己君之名。以啓神明。故薨皆從身盟之例。當告以名也。傳例曰。赴以名。則亦書之。不然則否。辟不敏也。今宿赴不以名。故亦不書名。諸例或發於始事。或發於後者。因宜有所異同。亦或丘明所得記注本末。不能皆備故。

秋七月庚午。宋公齊侯衛侯盟于瓦屋。齊侯尊宋。使主會。故宋公序齊上。瓦屋。周地。

八月。葬蔡宣公。無傳。三月而葬。速。

九月辛卯。公及莒人盟于浮來。莒人。微者。不嫌敵公侯。故直稱公。例在僖二十九年。浮來。紀邑。東莞縣北有邳鄉。邳鄉西有公來山。號曰邳來閒。○〔邳〕蒲悲反。

螟。無傳。爲災。

冬十有二月。無駭卒。公不與小斂。故不書日。卒而後賜族。故不書氏。

傳八年春。齊侯將平宋衛。平宋衛於鄭。有會期。宋公以幣請於衛。請先相見。宋敬齊命。衛侯許之。故遇于犬丘。犬丘。垂也。

地有兩名鄭伯請釋泰山之祀而祀周公以泰山之祊易許田三月鄭伯使宛來歸祊不祀泰山也成王營王城有遷都之志故賜周公許田以為魯國朝宿之邑後世因而立周公別廟焉鄭桓公周宣王之母弟封鄭有助祭泰山湯沐之邑在祊鄭以天子不能復巡狩故欲以祊易許田各從本國所近之宜恐魯以周公別廟為疑故云已廢泰山之祀而欲為魯祀周公孫辭以有求也許田近許之田夏虢公忌父始作卿士于周周人於此遂畀之政四月甲辰鄭公子忽如陳逆婦嬀辛亥以嬀氏歸甲寅入于鄭陳鍼子送女先配而後祖鍼子曰是不為夫婦誣其祖矣非禮也何以能育鍼子陳大夫禮逆婦必先告祖廟而後行故楚公子圍稱告莊共之廟鄭忽先逆婦而後告廟故曰先配而後祖○〔鍼〕其廉反齊人卒平宋衛于鄭秋會于溫盟于

瓦屋以釋東門之役。禮也。會温不書。不以告也。定國息民。故曰禮也。平宋衞二國。忿鄭之謀。鄭不與盟。故不書。八月丙戌。鄭伯以齊人朝王。禮也。言鄭伯不以虢公得政而背王。故禮之。齊稱人。略從國辭。上有七月庚午。下有九月辛卯。則八月不得有丙戌。公及莒人盟于浮來。以成紀好也。二年紀莒盟于密。爲魯故。今公尋之。故曰以成紀好。冬。齊侯使來告成三國。齊侯冬來告。稱秋和三國。公使衆仲對曰。君釋三國之圖。以鳩其民。君之惠也。寡君聞命矣。敢不承受君之明德。鳩。集也。無駭卒。羽父請謚與族。公問族於衆仲。衆仲對曰。天子建德。立有德以爲諸侯。因生以賜姓。因其所由生以賜姓。謂若舜由嬀汭。故陳爲嬀姓。胙之土而命之氏。報之以土。而命氏曰陳。○〔胙〕才故反。諸侯以字。諸侯位卑。不得賜姓。故其臣。因氏其王父字。爲諡因以爲族（或便即先人之諡稱以爲族。）官有世功則有官族邑亦如之（謂取其舊官舊邑之稱以爲族皆稟之時君。○〔稱〕尺證反。）公命以字爲展氏（諸侯之子稱公子公子之子稱公孫公孫之子以王父字爲氏無駭公子展之孫故爲展氏。）

經九年春天王使南季來聘（無傳南季天子大夫也南氏季字也）三月癸酉大雨震電庚辰大雨雪（三月今正月○〔雨〕雪于付反傳同）挾卒（無傳挾魯大夫未賜族○〔挾〕音協）夏城郎秋七月冬公會齊侯于防（防魯地在琅邪華縣東南）

傳九年春王三月癸酉大雨霖以震書始也（書癸酉始雨日）庚辰大雨雪亦如之書時失也（夏之正月微陽始出未可震電既震電又

不當大雨雪。故皆爲時失。凡雨自三日以往爲霖。此解經書霖也。而經無霖字。經誤。平地尺爲大雪。夏城郎。書不時也。宋公不王。不共王職。鄭伯爲王左卿士。以王命討之。伐宋。宋以入郛之役。怨公不告命。入郛在五年。公以七年伐邾。欲以說宋。而宋猶不和也。○〔說〕音悅。公怒。絕宋使。秋。鄭人以王命來告伐宋。遣使致王命也。伐宋未得志。故復更告之。冬。公會齊侯于防。謀伐宋也。北戎侵鄭。鄭伯禦之。患戎師。曰。彼徒我車。懼其侵軼我也。徒步兵也。軼突也。○〔軼〕音迭。又音逸。公子突曰。使勇而無剛者。嘗寇而速去之。公子突。鄭厲公也。嘗試也。勇則能往。無剛不恥退。君爲三覆以待之。覆。伏兵也。○〔覆〕扶又反。下同。戎輕而不整。貪而無親。勝不相讓。敗不相救。先者見獲。必務進。進而遇覆。必速奔。後者不救。則無繼矣。乃可以逞。逞。解也。○〔輕〕遣政反。從之。戎人之前遇覆者奔。祝聃逐之。祝聃。鄭大夫。○〔聃〕乃甘反。一音土甘反。衷戎師。前後擊之。盡殪。爲三部伏。兵。祝聃帥勇而無剛者先犯戎而速奔。以遇二伏兵。至後伏兵起。戎還走。祝聃反逐之。戎前後及中三處受敵。故曰衷戎師。殪。死也。○〔衷〕丁仲反。又音忠。〔殪〕於計反。戎師大奔。後駐軍。不復繼也。十一月甲寅。鄭人大敗戎師。此皆春秋時事。雖經無正文。所謂必廣記而備言之。將令學者原始要終。尋其枝葉。究其所窮。他皆放此。○〔要〕於遙反。

經十年。春。王二月。公會齊侯鄭伯于中丘。傳言正月會。癸丑盟。釋例推經傳日月。癸丑是正月二十六日。知經二月誤。夏。翬帥師會齊人鄭人伐宋。公子翬不待公命而貪會二國之君。疾其專進。故去氏。齊鄭以公不至。故亦更使微者從之伐宋不言及明翬專行非鄭之謀也及例在宣七年六月壬戌公敗宋師于菅齊鄭後期故公獨敗宋師書敗宋未陳也敗例在莊十一年菅宋地○〔菅〕古顏反辛未取郜

辛巳取防鄭後至得郜防二邑歸功于魯故書取明不用師徒也濟陰成武縣東南有郜城高平昌邑縣西南有西防城○〔郜〕古報反秋宋人衛人入鄭宋人蔡人衛人伐戴鄭伯伐取之三國伐戴鄭伯因其不和伐而取之書伐用師徒也書取克之易也戴國今陳留外黃縣東南有戴城冬十月壬午齊人鄭人入郕

傳十年春王正月公會齊侯鄭伯于中丘癸丑盟于鄧爲師期尋九年會于防謀伐宋也公既會而盟盟不書非後也蓋公還告會而不告盟鄧魯地夏五月羽父先會齊侯鄭伯伐宋言先會明非公本期釋翬之去族六月戊申公會齊侯鄭伯于老桃會不書不告於廟也老桃宋地

六月無戊申。戊申五月二十三日。日誤。壬戌。公敗宋師于菅。庚午。鄭師入郜。辛未。歸于我。庚辰。鄭師入防。辛巳。歸于我。壬戌。六月七日。庚午。十五日。庚辰。二十五日。鄭伯後期。而公獨敗宋師。故鄭頻獨進兵以入郜防。入而不有。命魯取之。推功上爵。讓以自替。不有其實。故經但書魯取。以成鄭志。善之也。君子謂鄭莊公於是乎可謂正矣。以王命討不庭。下之事上。皆成禮於庭中。不貪其土以勞王爵。正之體也。勞者敘其勤以答之。諸侯相朝逆之以饗餼。謂之郊勞。魯侯爵尊。鄭伯爵卑。故言以勞王爵。○〔勞〕力報反。蔡人衛人郕人不會王命。不伐宋也。秋七月。庚寅。鄭師入郊。猶在郊。鄭師還。駐兵於遠郊。宋人衛人入鄭。宋衛奇兵。乘虛入鄭。蔡人從之伐戴。從宋衛伐戴也。八月壬戌。鄭伯圍戴。癸亥。克之取三師焉。三國之軍在戴。故鄭伯合圍之。師者。軍旅之通稱。[稱]尺證反。○宋衛既入鄭而以伐戴召蔡人伐戴，乃召之。蔡人怒故不和而敗言鄭取之易也。九月戊寅鄭伯入宋報入鄭也。九月無戊寅。戊寅，八月二十四日。冬齊人鄭人入郕討違王命也

經十有一年春滕侯薛侯來朝諸侯相朝，例在文十五年。夏公會鄭伯于時來時來，郲也。滎陽縣東有釐城，鄭地也。○[釐]音來，又力之反。秋七月壬午公及齊侯鄭伯入許與謀曰及。還使許叔居之，故不言滅也。許，潁川許昌縣。○[與]音預。[還]音環。冬十有一月壬辰公薨實弑。書薨，又不地者，史策所諱也。

傳十一年春滕侯薛侯來朝爭長薛，魯國薛縣。薛侯曰我先封薛祖奚仲，夏所封，在周之前。滕侯曰我周之卜正也卜正，卜官之長。薛庶姓也我不可以後之庶姓，非周之同姓。公使羽父請於

薛侯曰君與滕君辱在寡人周諺有之曰山有木工
則度之賓有禮主則擇之擇所宜而行之○[度]大洛反周之宗盟
異姓爲後盟載書皆先同姓例在定四年寡人若朝于薛不敢與諸
任齒薛任姓齒列也○[任]音壬君若辱貺寡人則願以滕君爲請
薛侯許之乃長滕侯夏公會鄭伯于郲謀伐許也鄭
伯將伐許五月甲辰授兵於大宮大宮鄭祖廟○[大]音泰公孫
閼與潁考叔爭車公孫閼鄭大夫○[閼]於葛反潁考叔挾輈以走
輈車轅也○[輈]張留反子都拔棘以逐之子都公孫閼棘戟也及大逵弗
及子都怒逵道方九軌也○[逵]求龜反九達謂之逵秋七月公會齊侯鄭
伯伐許庚辰傅于許傅于許城下○[傅]音附潁考叔取鄭伯之

旗蝥弧以先登〔蝥弧旗名○（蝥）亡侯反〕○子都自下射之顛〔顛隊而死○（射）食亦反（隊）直類反〕瑕叔盈又以蝥弧登〔瑕叔盈鄭大夫〕周麾而呼曰君登矣〔周徧也麾招也○（呼）火故反〕鄭師畢登壬午遂入許許莊公奔衛〔奔不書兵亂遁逃未知所在〕齊侯以許讓公公曰君謂許不共〔不共職貢○（共）音恭〕故從君討之許既伏其罪矣雖君有命寡人弗敢與聞乃與鄭人鄭伯使許大夫百里奉許叔以居許東偏〔許叔許莊公之弟東偏東鄙也○（與）音預〕曰天禍許國鬼神實不逞于許君而假手于我寡人〔借手于我寡德之人以討許〕寡人唯是一二父兄不能共億〔父兄同姓羣臣共給億安也〕其敢以許自爲功乎寡人有弟不能和協而使餬其

口於四方。（弟共叔段也。餬，鬻也。段出奔在元年。）其況能久有許乎。吾子其奉許叔以撫柔此民也。吾將使獲也佐吾子。（獲，鄭大夫公孫獲。）若寡人得沒于地。（以壽終。）天其以禮悔禍于許。（言天加禮於許而悔禍之。）無寧茲許公復奉其社稷。（無寧，寧也。茲，此也。○復，扶又反，又音服。）唯我鄭國之有請謁焉。如舊昏媾。（謁，告也。婦之父曰昏，重昏曰媾。）其能降以相從也。（降，降心也。）無滋他族實偪處此以與我鄭國爭此土也。吾子孫其覆亡之不暇。而況能禋祀許乎。（絜齊以享謂之禋。祀，謂許山川之祀。）寡人之使吾子處此不唯許國之爲。亦聊以固吾圉也。（圉，邊垂也。爲，于僞反。）○乃使公孫獲處許西偏。曰。凡而器用財賄。無寘於許。我死乃亟去之。吾先君新邑於此。此今河南新鄭，舊鄭在京兆。○[寘]之豉反。王室而既卑矣。周之子孫日失其序。鄭亦周之子孫。夫許大岳之胤也。大岳，神農之後，堯四岳也。胤，繼也。○[大]音泰。天而既厭周德矣，吾其能與許爭乎。君子謂鄭莊公於是乎有禮。禮，經國家定社稷序民人利後嗣者也。許無刑而伐之，服而舍之，刑，法也。度德而處之，量力而行之，相時而動，無累後人，我死乃亟去之，無累後人。○[度]待洛反。[量]音良。[相]息亮反。可謂知禮矣。鄭伯使卒出豭，行出犬雞，以詛射潁考叔者。百人為卒，二十五人為行。行亦卒之行列。疾射潁考叔者，故令卒及行閒皆詛之。○[豭]音加。[行]戶剛反。君子謂鄭莊公失政刑矣。政以治民，刑以正邪。既無德政，又無威刑，是以及邪。大臣不睦，又不能用刑於邪人。邪而詛之，將何益矣。王取鄔、劉、二邑在河南緱氏縣西南有鄔聚，西北有劉亭。○[鄔]烏戶反。蔿、邘之田于鄭。蔿邘鄭二邑。○[蔿]尤委反。[邘]音于。而與鄭人蘇忿生之田。蘇忿生，周武王司寇蘇公也。○[忿]芳粉反。溫、今溫縣。原、在沁水縣西。絺、在野王縣西南。○[絺]勑之反。樊、一名陽樊，野王縣西南有陽城。隰郕、在懷縣西南。欑茅、在脩武縣北。○[欑]才官反。向、軹縣西有地名向上。○[向]音餉。盟、今盟津。○[盟]音孟。州、今州縣。陘、闕。○[陘]音刑。隤、在脩武縣北。○[隤]徒回反。懷。今懷縣。凡十二邑，皆蘇忿生之田。欑茅、隤屬汲郡，餘皆屬河內。君子是以知桓王之失鄭也。恕而行之，德之則也，禮之經也。己弗能有，而以與人，人之不至，不亦宜乎。蘇氏叛王，十二邑王所不能有，爲桓五年從王伐鄭張本。鄭、息有違言。以言語相違恨。息侯伐鄭，鄭伯與戰于竟息師大敗而還息國汝南新息縣○〔竟〕音境君子是以知息之將亡也不度德鄭莊賢○〔度〕待洛反不量力息國弱不親親鄭息同姓之國不徵辭不察有罪言語相恨當明徵其辭以審曲直不宜輕鬬犯五不韙而以伐人其喪師也不亦宜乎韙是也○〔韙〕韋鬼反〔喪〕息浪反

冬十月鄭伯以虢師伐宋壬戌大敗宋師以報其入鄭也入鄭在十年宋不告命故不書凡諸侯有命告則書不然則否命者國之大事政令也承其告辭史乃書之于策若所傳聞行言非將君命則記在簡牘而已不得記於典策此蓋周禮之舊制師出臧否亦如之臧否謂善惡得失也滅而告敗勝而告克此皆互言不須兩告乃書○〔否〕音鄙又方九反雖及滅國滅不告敗勝不告克不書于策羽父請殺桓公將以求大宰

大宰。官名。○[大]音泰。公曰爲其少故也吾將授之矣。授桓位。○[爲]于僞反。[少]詩照反。使營菟裘吾將老焉。菟裘。魯邑。在泰山梁父縣南。不欲復居魯朝。故別營外邑。○[菟]兎都反。羽父懼反譖公于桓公而請弒之。公之爲公子也與鄭人戰于狐壤止焉。內諱獲。故言止。狐壤。鄭地。○[譖]側鴆反。鄭人囚諸尹氏。尹氏。鄭大夫。賂尹氏而禱於其主鍾巫。主。尹氏所主祭。遂與尹氏歸而立其主。立鍾巫於魯。十一月公祭鍾巫。齊于社圃。社圃。園名。○[圃]音補。館于寪氏。館。舍也。寪氏。魯大夫。○[寪]于委反。壬辰羽父使賊弒公于寪氏。立桓公而討寪氏。有死者。欲以弒君之罪加寪氏。而復不能正法誅之。傳言進退無據。不書葬不成喪也。桓弒隱篡立。故喪禮不成。

春秋經傳集解隱公第一

春秋經傳集解桓公第二

桓公名軌惠公之子隱公之弟母仲子史記亦名允謚法辟土服遠曰桓

杜氏註　盡十八年

經元年春王正月公卽位嗣子位定於初喪而改元必須踰年者繼父之業成父之志不忍有變於中年也諸侯每首歲必有禮於廟諸遭喪繼位者因此而改元正位百官以序故國史亦書卽位之事於策桓公篡立而用常禮欲自同於遭喪繼位者釋例論之備矣○〔篡〕初患反三月公會鄭伯于垂鄭伯以璧假許田夏四月丁未公及鄭伯盟于越公以篡立而脩好於鄭鄭因而迎之成禮于垂終易二田然後結盟垂犬丘衞地也越近垂地名鄭求祀周公魯聽受祊田令鄭廢泰山之祀知其非禮故以璧假爲文時之所隱○〔祊〕百庚反秋大水書災也傳例曰凡平原出水爲大水冬十月

傳。元年。春。公卽位。脩好于鄭。鄭人請復祀周公卒易
祊田。事在隱八年。○[復]扶又反。公許之。三月。鄭伯以璧假許田爲
周公祊故也。魯不宜聽鄭祀周公。又不宜易取祊田。犯二不宜以動。故隱其實。不言祊。稱璧
假。言若進璧以假田。非久易也。○[爲]于僞反。夏。四月。丁未。公及鄭伯盟于
越。結祊成也。結成。易二田之事也。傳以經不書祊。故獨見祊。○[見]賢遍反。盟曰。渝
盟無享國。渝。變也。秋。大水。凡平原出水爲大水。廣平曰原。冬。
鄭伯拜盟。鄭伯若自來。則經不書。若遣使則當言鄭人。不得稱鄭伯。疑謬誤。宋華父
督見孔父之妻于路。華父督。宋戴公孫也。孔父嘉。孔子六世祖。○[華]戶化反。目
逆而送之。曰。美而豔。色美曰豔。○[豔]以贍反。
經。二年。春。王正月。戊申。宋督弑其君與夷及其大夫

孔父。稱督以弒。罪在督也。孔父稱名者。內不能治其閨門。外取怨於民。身死而禍及其君。滕子來朝。無傳。隱十一年稱侯。今稱子者。蓋時王所黜。三月。公會齊侯陳侯鄭伯于稷。以成宋亂。成。平也。宋有弒君之亂。故爲會欲以平之。稷。宋地。夏四月。取郜大鼎于宋。戊申。納于大廟。宋以鼎賂公。大廟。周公廟也。始欲平宋之亂。終於受賂。故備書之。戊申。五月十日。○〔郜〕古報反。〔大〕音泰。秋七月。杞侯來朝。公卽位而來朝。蔡侯鄭伯會于鄧。潁川召陵縣西南有鄧城。九月。入杞。不稱主帥。微者也。弗地曰入。○〔帥〕所類反。或作師。公及戎盟于唐。冬。公至自唐。傳例曰。告于廟也。特相會。故致地也。凡公行還不書至者。皆不告廟也。隱不書至。謙不敢自同於正君。書勞策勳。

傳。二年。春。宋督攻孔氏。殺孔父而取其妻。公怒。督懼。

遂弒殤公。君子以督爲有無君之心而後動於惡。雖有君。若無也。故先書弒其君。會于稷以成宋亂。爲賂故立華氏也。經稱平宋亂者蓋以魯君受賂立華氏貪縱之甚。惡其指斥。故遠言始與齊陳鄭爲會之本意也。傳言爲賂故。立華氏明經本書平宋亂。爲公諱。諱在受賂立華氏也。猶璧假許田爲周公祊故。所謂婉而成章。督未死而賜族。督之妄也。○〔爲〕賂于僞反。宋殤公立十年十一戰。殤公以隱四年立。十一戰皆在隱公世。民不堪命。孔父嘉爲司馬。督爲大宰。故因民之不堪命。先宣言曰。司馬則然。言公之數戰則司馬使爾。嘉。孔父字。○〔數〕音朔。已殺孔父而弒殤公。召莊公于鄭而立之。以親鄭。莊公。公子馮也。隱三年出居于鄭。馮入宋不書。不告也。○〔馮〕皮冰反。以郜大鼎賂公。郜國所造器也。故繫名於郜。濟陰成武縣東南有北郜城。齊陳鄭皆有賂。

故遂相宋公。夏四月。取郜大鼎于宋。戊申。納于大廟。

非禮也。臧哀伯諫曰。臧哀伯。魯大夫。僖伯之子。君人者將昭德塞

違。以臨照百官。猶懼或失之。故昭令德以示子孫。是

以清廟茅屋。以茅飾屋。著儉也。清廟。肅然清靜之稱也。○〔稱〕尺證反。大路越席。

大路。玉路。祀天車也。越席。結草。○〔越〕戶括反。大羹不致。大羹。肉汁。不致五味。粢食不

鑿。黍稷曰粢。不精鑿。○〔粢〕音咨。〔食〕音嗣。〔鑿〕子洛反。精米也。字林作糳。子沃反。云糲米一斛舂爲八斗。

昭其儉也。此四者皆示儉。袞冕黻珽。袞。畫衣也。冕。冠也。黻。韋韠。以蔽膝也。珽。玉笏也。

若今吏之持簿。○〔珽〕他頂反。〔韠〕音必。〔簿〕步古反。徐廣云。持簿。手版也。帶裳幅舄。帶。革帶也。衣下

曰裳。幅。若今行縢者。舄。複履。○〔幅〕音逼。〔縢〕徒登反。〔複〕音福。衡紞紘綖。衡。維持冠者。紞。冠之垂者。

紘。纓從下而上者。綖。冠上覆。○〔紞〕多敢反。〔紘〕獲耕反。〔綖〕音延。字林弋善反。昭其度也。尊卑各有

制度。藻率鞞鞛。藻率。以韋爲之。所以藉玉也。王五采。公侯伯三采。子男二采。鞞。佩刀削上飾。鞛。下飾。○〔率〕劣戍反。〔鞞〕補頂反。〔鞛〕布孔反。〔削〕仙妙反。鞶厲游纓。鞶。紳帶也。一名大帶。厲。大帶之垂者。游。旌旗之游。纓。在馬膺前。如索帬。○〔鞶〕步干反。〔游〕音留。〔索〕悉各反。昭其數也。尊卑各有數。火龍黼黻。火。畫火也。龍。畫龍也。白與黑謂之黼。形若斧。黑與青謂之黻。兩已相戾。昭其文也。以文章明貴賤。五色比象。昭其物也。車服器械之有五色。皆以比象天地四方。以示器物不虛設。○〔比〕并是反。鍚鸞和鈴。昭其聲也。鍚在馬額。鸞在鑣。和在衡。鈴在旂。動皆有鳴聲。○〔鍚〕音揚。馬面當盧。三辰旂旗。昭其明也。三辰。日月星也。畫於旂旗。象天之明。夫德儉而有度。登降有數。登降。謂上下尊卑。文物以紀之。聲明以發之。以臨照百官。百官於是乎戒懼。而不敢易紀律。今滅德立違。謂立華督違命之臣。而寘其賂器於大廟以明示百官百官象之其又何誅焉國家之敗由官邪也官之失德寵賂章也郜鼎在廟章孰甚焉武王克商遷九鼎于雒邑九鼎殷所受夏九鼎也武王克商乃營雒邑而後去之又遷九鼎焉時但營洛邑未有都城至周公乃卒營雒邑謂之王城即今河南城也故傳曰成王定鼎于郟鄏〇〔雒〕音洛義士猶或非之蓋伯夷之屬而況將昭違亂之賂器於大廟其若之何公不聽周內史聞之曰臧孫達其有後於魯乎君違不忘諫之以德內史周大夫官也僖伯諫隱觀魚其子哀伯諫桓納鼎積善之家必有餘慶故曰其有後於魯秋七月杞侯來朝不敬杞侯歸乃謀伐之蔡侯鄭伯會于鄧始懼楚也楚國今南郡江陵縣北紀南城也楚武王始僭號稱王欲害中國蔡鄭姬姓近楚故懼而會謀九

月入杞討不敬也公及戎盟于唐脩舊好也惠隱之好冬
公至自唐告于廟也凡公行告于宗廟反行飲至舍
爵策勳焉禮也爵飲酒器也既飲置爵則書勳勞於策言速紀有功也○(舍)音赦置也舊
音捨特相會往來稱地讓事也特相會公與一國會也會必有主二人獨會則
莫肯為主兩讓會事不成故但書地自參以上則往稱地來稱會成事
也成會事○(參)七南反一音三初晉穆侯之夫人姜氏以條之役
生大子命之曰仇條晉地大子文侯也意取於戰相仇怨其弟以千畝
之戰生命之曰成師桓叔也西河界休縣南有地名千畝意取能成其衆師服
曰異哉君之名子也師服晉大夫夫名以制義名之必可言也義
以出禮禮從義出禮以體政政以禮成政以正民是以政成而

民聽。易則生亂。反易禮義則亂生也。嘉耦曰妃。怨耦曰仇。古之命也。自古有此言。○[耦]五咕反。[妃]芳菲反。今君命大子曰仇。弟曰成師。始兆亂矣。兄其替乎。穆侯愛少子桓叔。俱取於戰以爲名。所附意異。故師服知桓叔之黨必盛於晉。以傾宗國。故因名以諷諫。惠之二十四年。晉始亂。故封桓叔于曲沃。惠魯惠公也。晉文侯卒。子昭侯元年。危不自安。封成師爲曲沃伯。靖侯之孫欒賓傅之。靖侯桓叔之高祖父。言得貴寵公孫爲傅相。○[靖]才井反。[欒]力官反。師服曰。吾聞國家之立也。本大而末小。是以能固。故天子建國。立諸侯也。諸侯立家。卿大夫稱家。卿置側室。側室衆子也。得立此一官。大夫有貳宗。適子爲小宗。次者爲貳宗。以相輔貳。士有隸子弟。士卑。自以其子弟爲僕隸。庶人工商各有分親。皆有等衰。庶人無復尊卑。以親疏爲分別。

也。衰，殺也。○〔分〕扶問反，又如字。〔親〕七刃反，又如字。是以民服事其上而下無覬覦。下不冀望上位。○〔覬〕音冀。〔覦〕羊朱反。今晉甸侯也而建國本既弱矣其能久乎。諸侯而在甸服者。惠之三十年晉潘父弒昭侯而納桓叔不克。潘父，晉大夫也。昭侯，文侯子。晉人立孝侯。昭侯子也。惠之四十五年曲沃莊伯伐翼弒孝侯。莊伯，桓叔子。翼，晉國所都。翼人立其弟鄂侯鄂侯生哀侯。鄂侯以隱五年奔隨，其年秋，王立哀侯于翼。哀侯侵陘庭之田。陘庭，翼南鄙邑。○〔陘〕音刑。陘庭南鄙啓曲沃伐翼。

經三年春正月公會齊侯于嬴。經之首時必書王，明此歷天王之所班也。其或廢法違常，失不班歷，故不書王。嬴，齊邑，今泰山嬴縣。○經三年正月從此盡十七年皆無王，唯十年有二傳以爲義。或有王字者非。〔嬴〕音盈。

夏。齊侯衛侯胥命于蒲。申約言以相命。而不歃血也。蒲。衛地。在陳留長垣縣西南。○〔歃〕所洽反。

六月。公會杞侯于郕。

秋。七月壬辰朔。日有食之既。無傳。既。盡也。歷家之說。謂日光以望時遙奪月光。故月食。日月同會。月奄日。故日食。食有上下者。行有高下。日光輪存而中食者。相奄密。故日光溢出。皆既者。正相當而相奄間疏也。然聖人不言月食日。而以自食爲文者。闕於所不見。

公子翬如齊逆女。禮。君有故。則使卿逆。

九月。齊侯送姜氏于讙。讙。魯地。濟北蛇丘縣西有下讙亭。已去齊國。故不言女。未至於魯。故不稱夫人。○〔讙〕呼端反。〔蛇〕以支反。

公會齊侯于讙。無傳。

夫人姜氏至自齊。無傳。告於廟也。不言翬以至者。齊侯送之。公受之於讙。

冬。齊侯使其弟年來聘。

有年。無傳。五穀皆熟。書有年。

傳三年春。曲沃武公伐翼。次于陘庭。韓萬御戎。梁弘爲右。武公。曲沃莊伯子也。韓萬。莊伯弟也。御戎。僕也。右。戎車之右。逐翼侯于汾隰。汾隰。汾水邊。○〔汾〕扶云反。驂絓而止。驂。騑馬。○〔驂〕音參。〔絓〕音畫。夜獲之及欒共叔。共叔。桓叔之傅。欒賓之子也。身傅翼侯。父子各殉所奉之主。故并見獲而死。會于嬴成昏于齊也。公不由媒介。自與齊侯會而成昏。非禮也。夏齊侯衞侯胥命于蒲。不盟也。公會杞侯于郕。杞求成也。二年入杞。故今來求成。秋公子翬如齊逆女。修先君之好。故曰公子。昏禮雖奉時君之命。其言必稱先君以爲禮辭。故公子翬逆女。傳稱修先君之好。公子遂逆女。傳稱尊君命。互舉其義。齊侯送姜氏。非禮也。凡公女嫁于敵國。姊妹則上卿送之。以禮於先君。公子則下卿送之。於大國。雖公子亦上卿送之。於天子。則諸卿皆行。公不自送。於小國則上大夫送之。冬。齊仲年來聘。致夫人也。古者女出嫁。又使大夫隨加聘問存謙敬。序殷勤也。在魯而出。則曰致女。在他國而來。則揔曰聘。故傳以致夫人釋之。芮伯萬之母芮姜惡芮伯之多寵人也。故逐之。出居于魏。爲明年秦侵芮張本。芮國在馮翊臨晉縣。魏國河東河北縣。○（芮）如銳反。（惡）烏路反。

經。四年。春。正月。公狩于郎。冬獵曰狩。行三驅之禮。得田狩之時。故傳曰書時禮也。周之春。夏之冬也。田狩從夏時。郎非國內之狩地。故書地。夏。天王使宰渠伯糾來聘。宰。官。渠。氏。伯糾。名也。王官之宰。當以才授位。而伯糾攝父之職。出聘列國。故書名以譏之。國史之記。必書年以集此公之事。書首時以成此年之歲。故春秋有空時而無事者。今不書秋冬首月。史闕文。他皆放此。

傳。四年。春。正月。公狩于郎。書時禮也。郎非狩地。故唯時合禮。夏周宰渠伯糾來聘。父在故名。秋秦師侵芮敗焉。小之也。秦以芮小輕之故爲芮所敗。冬王師秦師圍魏執芮伯以歸。三年芮伯出居魏芮更立君秦爲芮所敗故以芮伯歸將欲納之。

經五年春正月甲戌己丑陳侯鮑卒。未同盟而書名者來赴以名故也。甲戌前年十二月二十一日。己丑此年正月六日。陳亂故再赴。赴雖日異而皆以正月起文。故但書正月。愼疑審事。故從赴兩書。○[鮑]步飽反。夏齊侯鄭伯如紀。外相朝皆言如。齊欲滅紀。紀人懼而來告。故書。天王使仍叔之子來聘。仍叔天子之大夫。稱仍叔之子。本於父字。幼弱之辭也。譏使童子出聘。葬陳桓公。無傳。城祝丘。無傳。齊鄭將襲紀故。秋蔡人衞人陳人從王伐鄭。王自爲伐鄭之主。君臣之辭也。王師敗不書。不以告。○[從]如字。又才用反。大雩。傳例曰。書不時也。失龍見之時。螽。無傳。蚣蝑之屬。爲災故書。○[蚣]相容反。[蟜]相魚反。冬州公如曹不書奔。以朝出也。爲下實來書也。曹國。今濟陰定陶縣。

傳五年春正月甲戌己丑陳侯鮑卒再赴也於是陳亂文公子佗殺大子免而代之佗桓公弟五父也。稱文公子。明佗非桓公母弟也。免桓公大子。○[佗]大何反。[免]音問公疾病而亂作國人分散故再赴夏齊侯鄭伯朝于紀欲以襲之紀人知之王奪鄭伯政鄭伯不朝奪不使知王政。秋王以諸侯伐鄭鄭伯禦之王爲中軍虢公林父將右軍蔡人衛人屬焉虢公林父。王卿士。○[將]子匠反。下同。周公黑肩將左軍陳人屬焉黑肩。周桓公也。鄭子元請爲左拒以當蔡人衛人子元。鄭公子。拒。方陳。○[拒]俱甫反。下同。[陳]直覲反。下同。爲右拒以當陳人曰陳亂民莫有鬬心若先犯之必奔王卒顧之必亂蔡衞不枝固將先奔不能相枝持也既而萃於王卒可以集事從之萃聚也集成也曼伯爲右拒曼伯檀伯○[曼]音萬祭仲足爲左拒原繁高渠彌以中軍奉公爲魚麗之陳先偏後伍伍承彌縫司馬法車戰二十五乘爲偏以車居前以伍次之承偏之隙而彌縫闕漏也五人爲伍此蓋魚麗陳法○[麗]力知反戰于繻葛繻葛鄭地○[繻]音須命二拒曰旝動而鼓旝旃也通帛爲之蓋今大將之麾也執以爲號令○[旝]古外反又古活反本亦作檜建大木置石其上發機以磓敵蔡衞陳皆奔王卒亂鄭師合以攻之王卒大敗祝聃射王中肩王亦能軍雖軍敗身傷猶殿而不奔故言能軍○[射]食亦反[中]丁仲反[殿]多見反祝聃請從之公曰君子不欲多上人況敢陵天子乎苟自救也社

稷無隕多矣。鄭於此收兵自退。○〔隕〕于敏反。夜鄭伯使祭足勞王且問左右。祭足即祭仲之字。蓋名仲字仲足也。勞王問左右言鄭志在苟免。王討之非也。○〔勞〕力報反。仍叔之子弱也。仍叔之子來聘。童子將命。無速反之心。久留在魯。故經書夏聘。傳釋之於末秋。秋大雩書不時也。十一公傳唯此年及襄二十六年有兩秋。此發雩祭之例。欲顯天時以指事。故重言秋。異於凡事。凡祀啓蟄而郊。言凡祀。通下三句天地宗廟之事也。啓蟄夏正建寅之月。祀天南郊。○〔蟄〕直立反。龍見而雩。龍見。建巳之月。蒼龍宿之體。昏見東方。萬物始盛。待雨而大。故祭天。遠爲百穀祈膏雨。○〔見〕賢遍反。〔宿〕音秀。始殺而嘗。建酉之月。陰氣始殺。嘉穀始熟。故薦嘗於宗廟。閉蟄而烝。建亥之月。昆蟲閉戶。萬物皆成。可薦者衆。故烝祭宗廟。釋例論之備矣。過則書。十日有吉否。過次節則書。以譏慢也。冬淳于公如曹。度其國危。遂不復。淳于州國所都。城陽淳于縣也。國有危難。不能自安。故出朝而遂不還。○〔度〕待洛反。

經。六年。春。正月。寔來。寔，實也。不言州公者，承上五年冬經如曹，閒無異事，省文，從可知。○〔寔〕時力反。夏。四月。公會紀侯于成。成，魯地，在泰山鉅平縣東南。秋。八月。壬午。大閱。齊為大國，以戎事徵諸侯之戍，嘉美鄭忽，而忽欲以有功為班，怒而訴齊，魯人懼之，故以非時簡車馬。蔡人殺陳佗。佗立踰年，不稱爵者，篡立未會諸侯也。傳例在莊二十二年。九月。丁卯。子同生。桓公子莊公也。十二公唯子同是適夫人之長子，備用大子之禮，故史書之於策。不稱大子者，書始生也。冬。紀侯來朝。

傳。六年。春。自曹來朝。書曰寔來。不復其國也。亦承五年冬傳。淳于公如曹也。言奔則來行朝禮，言朝則遂留不去，故變文言寔來。楚武王侵隨。隨國，今義陽隨縣。使薳章求成焉。薳章，楚大夫。○〔薳〕于委反。軍於瑕以待之。瑕，隨地。隨人使少師董成。少師，隨大夫。董，正也。○[少]詩照反。鬭伯比言於楚子曰：吾不得志於漢東也，我則使然。鬭伯比，楚大夫，令尹子文之父。我張吾三軍而被吾甲兵，以武臨之，彼則懼而協以謀我，故難閒也。漢東之國隨爲大，隨張必棄小國。張，自侈大也。○隨張，[張]豬亮反，一如字。小國離，楚之利也。少師侈，請羸師以張之。羸，弱也。○[羸]劣追反。熊率且比曰：季梁在，何益？熊率且比，楚大夫。季梁，隨賢臣。○[率]音律。[且]子余反。鬭伯比曰：以爲後圖，少師得其君。言季梁之諫，不過一見從，隨侯卒當以少師爲計，故云以爲後圖。二年，蔡侯、鄭伯會于鄧，始懼楚。楚子自此遂盛，終於抗衡中國。故傳備言其事，以終始之。王毀軍而納少師。從伯比之謀。少師歸，請追楚師。隨侯將許之。信楚弱也。季梁止之曰：天

方授楚楚之羸其誘我也君何急焉臣聞小之能敵
大也小道大淫所謂道忠於民而信於神也上思利
民忠也祝史正辭信也正辭不虛稱君美今民餒而君逞欲
逞快也○[餒]奴罪反祝史矯舉以祭臣不知其可也詐稱功德以欺鬼神
公曰吾牲牷肥腯粢盛豐備何則不信牲牛羊豕也牷純色完全
也腯亦肥也黍稷曰粢在器曰盛○[牷]音全[腯]徒忽反對曰夫民神之主也言鬼
神之情依民而行是以聖王先成民而後致力於神故奉牲
以告曰博碩肥腯謂民力之普存也博廣也碩大也謂其畜
之碩大蕃滋也謂其不疾瘯蠡也謂其備腯咸有也
雖告神以博碩肥腯其實皆當兼此四謂民力適完則六畜既大而滋也皮毛無疥癬兼備而無有所闕

○〔畜〕許又反〔瘯〕七木反〔蠡〕力果反瘯蠡皮肥也奉盛以告曰絜粢豐盛謂其三時不害而民和年豐也三時春夏秋奉酒醴以告曰嘉栗旨酒嘉善也栗謹敬也謂其上下皆有嘉德而無違心也所謂馨香無讒慝也馨香之遠聞○〔慝〕他得反故務其三時脩其五教父義母慈兄友弟恭子孝親其九族以致其禋祀禋絜敬九族謂外祖父外祖母從母子及妻父妻母姑之子姊妹之子女子之子并己之同族皆外親有服而異族者也於是乎民和而神降之福故動則有成今民各有心而鬼神乏主民饑餒也君雖獨豐其何福之有君姑脩政而親兄弟之國庶免於難隨侯懼而脩政楚不敢伐夏會于成紀來諮謀齊難也齊欲滅紀故來謀之○〔難〕乃旦反北戎伐

齊。齊侯使乞師于鄭。鄭大子忽帥師救齊。六月。大敗戎師。獲其二帥大良少良。甲首三百。以獻於齊。甲首。被甲者首。○二帥所類反。少詩照反。於是諸侯之大夫戍齊。齊人饋之餼。生曰餼。使魯爲其班。後鄭。班。次也。魯親班齊饋。則亦使大夫戍齊矣。經不書。蓋史闕文。鄭忽以其有功也。怒。故有郎之師。郎師在十年。公之未昏於齊也。齊侯欲以文姜妻鄭大子忽。大子忽辭。人問其故。大子曰。人各有耦。齊大。非吾耦也。詩云。自求多福。詩大雅文王。言求福由己。非由人也。○妻七計反。在我而已。大國何爲。君子曰。善自爲謀。言獨絜其身。謀不及國。及其敗戎師也。齊侯又請妻之。欲以他女妻之。固辭。人問其故。大子曰。無事於齊。

吾猶不敢今以君命奔齊之急而受室以歸是以師昏也民其謂我何言必見怪於民遂辭諸鄭伯假父之命以爲辭爲十一年鄭忽出奔衛傳秋大閱簡車馬也九月丁卯子同生以大子生之禮舉之接以大牢大牢牛羊豕也以禮接夫人重適也○〔接〕如字禮記作音捷卜士負之士妻食之禮世子生三日卜士負之射人以桑弧蓬矢射天地四方卜士之妻爲乳母〔食〕音嗣〔射〕天地食亦反○公與文姜宗婦命之世子生三月君夫人沐浴於外寢立於阼階西鄉世婦抱子升自西階君命之乃降蓋同宗之婦公問名於申繻對曰名有五有信有義有象有假有類申繻魯大夫○〔繻〕音須以名生爲信若唐叔虞魯公子友以德命爲義若文王名昌武王名發以類命爲象若孔子首象尼丘取於物爲假若伯魚生人有饋之

魚因名之曰鯉。取於父爲類。若子同生有與父同者。不以國。國君之子不自以本國爲名也。不以官。不以山川。不以隱疾。隱痛疾患辟不祥也。不以畜牲。畜牲六畜。不以器幣。幣玉帛。周人以諱事神。名終將諱之。君父之名固非臣子所斥。然禮既卒哭以木鐸徇曰舍故而諱新。謂舍親盡之祖而諱新死者。故言以諱事神。名終將諱之。自父至高祖皆不敢斥言。○舍音捨。故以國則廢名。國不可易故廢名。以官則廢職。以山川則廢主。改其山川之名。以畜牲則廢祀。名豬則廢豬。名羊則廢羊。以器幣則廢禮。晉以僖侯廢司徒。僖侯名司徒。廢爲中軍。宋以武公廢司空。武公名司空。廢爲司城。先君獻武廢二山。二山具敖也。魯獻公名具。武公名敖。更以其鄉名山。○敖五羔反。是以大物不可以命。公曰。是其生也與吾同物。命之曰同。物類也謂

同日冬紀侯來朝請王命以求成于齊公告不能紀微弱不能自通於天子欲因公以請王命公無寵於王故告不能

經七年春二月己亥焚咸丘無傳焚火田也咸丘魯地高平鉅野縣南有咸亭譏盡物故書夏穀伯綏來朝鄧侯吾離來朝不揔稱朝者各自行朝禮也穀國在南鄉筑陽縣北○[筑]音竹

傳七年春穀伯鄧侯來朝名賤之也辟陋小國賤之禮不足故書名以春來夏乃行朝禮故經書夏○[辟]匹亦反夏盟向求成于鄭既而背之盟向二邑名隱十一年王以與鄭故求與鄭成○[盟]音孟[向]傷亮反[背]音佩秋鄭人齊人衛人伐盟向王遷盟向之民于郟郟王城冬曲沃伯誘晉小子侯殺之曲沃伯武公也小子侯哀侯子

經八年春正月己卯烝無傳此夏之仲月非爲過而書者爲下五月復烝見瀆也例在五年○〔見〕賢遍反○天王使家父來聘無傳家父天子大夫家氏父字夏五月丁丑烝無傳秋伐邾無傳冬十月雨雪無傳今八月也書時失○〔雨〕于付反祭公來遂逆王后于紀祭公諸侯爲天子三公者王使魯主昏故祭公來受命而迎也天子無外故因稱王后卿不書舉重略輕○〔祭〕側界反

傳八年春滅翼曲沃滅之隨少師有寵楚鬭伯比曰可矣讎有釁不可失也釁瑕隙也無德者寵國之釁也夏楚子合諸侯于沈鹿沈鹿楚地黃隨不會黃國今弋陽縣使薳章讓黃責其不會楚子伐隨軍於漢淮之間季梁請下之弗許而後戰下之請服也○〔下〕遐嫁反所以怒我而怠寇也少師謂隨侯曰必速戰

不然將失楚師隨侯禦之望楚師（遙見楚師）季梁曰楚人上左君必左（君楚君也）無與王遇且攻其右右無良焉必敗偏敗衆乃攜矣少師曰不當王非敵也弗從（不從季梁）謀戰于速杞隨師敗績隨侯逸（速杞隨地逸逃也）鬭丹獲其戎車與其戎右少師（鬭丹楚大夫戎車君所乘兵車也戎右車右也寵之故以爲右）秋隨及楚平楚子將不許鬭伯比曰天去其疾矣（去疾謂少師見獲而死）隨未可克也乃盟而還冬王命虢仲立晉哀侯之弟緡于晉（虢仲王卿士虢公林父○緡亡巾反）祭公來遂逆王后于紀禮也（天子娶於諸侯使同姓諸侯爲之主祭公來受命於魯故曰禮）

經九年春紀季姜歸于京師（季姜桓王后也季字姜紀姓也書字者伸父母

之尊夏四月秋七月冬曹伯使其世子射姑來朝曹伯有疾故使其子來朝○射姑音亦又音夜
傳九年春紀季姜歸于京師凡諸侯之女行唯王后書爲書婦人行例也適諸侯雖告魯猶不書巴子使韓服告于楚請與鄧爲好韓服巴行人巴國在巴郡江州縣楚子使道朔將巴客以聘於鄧道朔楚大夫巴客韓服鄧南鄙鄾人攻而奪之幣鄾在今鄧縣南沔水之北○〔鄾〕音憂殺道朔及巴行人楚子使薳章讓於鄧鄧人弗受言非鄾人所攻夏楚使鬭廉帥師及巴師圍鄾鬭廉楚大夫鄧養甥聃甥帥師救鄾三逐巴師不克二甥皆鄧大夫○〔聃〕音男鬭廉衡陳其師於巴師之中以戰而北衡橫也分巴師爲二部鬭

廉横陳於其間以與鄧師戰而僞北北走也○[衡]如字一音横[陳]直覲反鄧人逐之背巴師而夾攻之楚師僞走鄧師逐之背巴師巴師攻之楚師自前還與戰○[背]音佩鄧師大敗鄾人宵潰宵夜也秋虢仲芮伯梁伯荀侯賈伯伐曲沃梁國在馮翊夏陽縣荀賈皆國名冬曹大子來朝賓之以上卿禮也諸侯之適子未誓於天子而攝其君則以皮帛繼子男故賓之以上卿各當其國之上卿○[適]丁歷反享曹大子初獻樂奏而歎酒始獻施父曰曹大子其有憂乎非歎所也施父魯大夫○[施]色豉反

經十年春王正月庚申曹伯終生卒未同盟而赴以名夏五月葬曹桓公無傳秋公會衛侯于桃丘弗遇無傳衛侯與公爲會期中背公更與齊鄭故公獨往而不相遇也桃丘衛地濟北東阿縣東南有桃城冬十有二

月丙午齊侯衛侯鄭伯來戰于郎改侵伐而書來戰善魯之用周班惡
三國討有辭○〔惡〕烏洛反又烏路反
傳十年春曹桓公卒終施父之言虢仲譖其大夫詹父於
王虢仲王卿士詹父屬大夫○〔譖〕側鴆反詹父有辭以王師伐虢夏虢
公出奔虞虞國在河東大陽縣秋秦人納芮伯萬于芮四年圍魏所執
者初虞叔有玉虞叔虞公之弟虞公求旃旃之也〔旃〕之然反○弗獻既
而悔之曰周諺有之匹夫無罪懷璧其罪人利其璧以璧爲罪
吾焉用此其以賈害也賈買也○〔焉〕音煙〔賈〕音古乃獻之又求其
寶劍叔曰是無厭也無厭將及我將殺我○〔厭〕於鹽反遂伐虞
公故虞公出奔共池共池地名闕○〔共〕音洪一音恭冬齊衛鄭來戰

于郎我有辭也初北戎病齊（在六年）諸侯救之鄭公子忽有功焉齊人餼諸侯使魯次之魯以周班後鄭鄭人怒請師於齊齊人以衛師助之故不稱侵伐（不稱侵伐而以戰爲文明魯直諸侯曲故言我有辭以禮自釋交綏而退無敗績○[綏]荀佳反）先書齊衛王爵也（鄭主兵而序齊衛下者以王爵次之也春秋所以見魯猶秉周禮）

經十有一年春正月齊人衛人鄭人盟于惡曹（惡曹地闕）

夏五月癸未鄭伯寤生卒（同盟於元年赴以名）秋七月葬鄭莊公（無傳三月而葬速）九月宋人執鄭祭仲（祭氏仲名不稱行人聽迫脅以逐君罪之也行人例在襄十一年釋例詳之）突歸于鄭（突厲公也爲宋所納故曰歸例在成十八年不稱公子從告也文連祭仲故不言鄭）鄭忽出奔衛（忽昭公也莊公既葬不稱爵者鄭人

賤之以名赴柔會宋公陳侯蔡叔盟于折無傳柔魯大夫未賜族者蔡叔
蔡大夫叔名也折地闕○[折]之設反公會宋公于夫鍾無傳夫鍾郕地○[夫]音扶冬
十有二月公會宋公于闞無傳闞魯地在東平須昌縣東南○[闞]口暫反
傳十一年春齊衛鄭宋盟于惡曹宋不書經闕楚屈瑕將
盟貳軫貳軫二國名○[屈]居勿反鄖人軍於蒲騷將與隨絞州蓼
伐楚師鄖國在江夏雲杜縣東南有鄖城蒲騷鄖邑絞國名州國在南郡華容縣東南蓼國今義
陽棘陽縣東南湖陽城○[鄖]音云[騷]音蕭[絞]古卯反莫敖患之莫敖楚官名即屈瑕○[敖]五刀
反鬭廉曰鄖人軍其郊必不誡且日虞四邑之至也
虞度也四邑隨絞州蓼也邑亦國也君次於郊郢以禦四邑君謂屈瑕也郊郢楚
地○[郢]以井反我以銳師宵加於鄖鄖有虞心而恃其城恃近

其城莫有鬭志。若敗鄖師。四邑必離。莫敖曰。盍請濟師於王。【盍、何不也。濟、益也。】對曰。師克在和。不在衆。商周之不敵。君之所聞也。【商、紂也。周、武王也。傳曰。武王有亂臣十人。紂有億兆夷人。】成軍以出。又何濟焉。莫敖曰。卜之。對曰。卜以決疑。不疑何卜。遂敗鄖師於蒲騷。卒盟而還。【卒盟、貳軫。】

鄭昭公之敗北戎也。【在六年。】齊人將妻之。昭公辭。祭仲曰。必取之。君多內寵。子無大援。將不立。三公子皆君也。【子突、子亹、子儀之母皆有寵。○〔妻〕七計反。〔亹〕亡匪反。】弗從。夏。鄭莊公卒。初。祭封人仲足有寵於莊公。【祭、鄭地。陳留長垣縣東北有祭城。封人、守封疆者。因以所守爲氏。】莊公使爲卿。爲公娶鄧曼。生昭公。故祭仲立之。【曼、鄧姓。○〔爲〕于僞反。〔曼〕音萬。】宋雍氏女於鄭莊公曰雍姞生厲公雍氏姞姓宋大夫也以女妻人曰女○〔雍〕於恭反〔女〕尼據反〔姞〕其吉反雍氏宗有寵於宋莊公故誘祭仲而執之祭仲之如宋非會非聘見誘而以行人應命曰不立突將死亦執厲公而求賂焉祭仲與宋人盟以厲公歸而立之秋九月丁亥昭公奔衛己亥厲公立

經十有二年春正月夏六月壬寅公會杞侯莒子盟于曲池曲池魯地魯國汶陽縣北有曲水亭秋七月丁亥公會宋公燕人盟于穀丘穀丘宋地燕人南燕大夫八月壬辰陳侯躍卒無傳厲公也十一年與魯大夫盟於折不書葬魯不會也壬辰七月二十三日書於八月從赴公會宋公于虛虛宋地〔虛〕去魚反○冬十有一月公會宋公于龜龜宋地丙

戌。公會鄭伯盟于武父。武父。鄭地。陳留濟陽縣東北有武父城。丙戌。衞侯晉卒。無傳。重書丙戌。非義例。因史成文也。未同盟而赴以名。十有二月。及鄭師伐宋。丁未。戰于宋。既書伐宋。又重書戰者。以見宋之無信也。莊十一年傳例曰。皆陳曰戰。尤其無信。故以獨戰爲文。

傳十二年夏。盟于曲池。平杞莒也。隱四年。莒人伐杞。自是遂不平。公欲平宋鄭。秋。公及宋公盟于句瀆之丘。句瀆之丘。卽穀丘也。宋以立厲公故。多責賂於鄭。鄭人不堪。故不平。○〔句〕古侯反。〔瀆〕音豆。宋成未可知也。故又會于虛。冬。又會于龜。宋公辭平。故與鄭伯盟于武父。宋公貪鄭賂。故與公三會。而卒辭。不與鄭平。遂帥師而伐宋。戰焉。宋無信也。君子曰。苟信不繼。盟無益也。詩云。君子屢盟。亂是用長無信也（詩小雅言無信故數盟數盟則情疏情疏則憾結故云長亂○長丁丈反）楚伐絞軍其南門莫敖屈瑕曰絞小而輕輕則寡謀請無扞采樵者以誘之（扞衛也樵薪也○輕遣政反扞戶旦反）從之絞人獲三十人（獲楚人也）明日絞人爭出驅楚役徒於山中楚人坐其北門而覆諸山下（坐猶守也覆設伏兵而待之○覆扶又反）大敗之爲城下之盟而還（城下盟諸侯所深恥）伐絞之役楚師分涉於彭（彭水在新城昌魏縣）羅人欲伐之使伯嘉諜之三巡數之（羅熊姓國在宜城縣西山中後徙南郡枝江縣伯嘉羅大夫諜伺也巡徧也○數色主反）

經十有三年春二月公會紀侯鄭伯己巳及齊侯宋公衛侯燕人戰齊師宋師衛師燕師敗績（大崩曰敗績例在莊

十一年或稱人或稱師史異辭也衛宣公未葬惠公稱侯以接鄰國非禮也三月葬衛宣公無傳夏大水無傳秋七月冬十月無傳

傳十三年春楚屈瑕伐羅鬭伯比送之還謂其御曰莫敖必敗舉趾高心不固矣趾足也遂見楚子曰必濟師難言屈瑕將敗故以益師諷諫○〔見〕賢遍反〔難〕乃旦反楚子辭焉不解其旨故拒之○〔解〕戶買反入告夫人鄧曼鄧曼曰大夫其非衆之謂鄧曼楚武王夫人言伯比意不在於益衆也其謂君撫小民以信訓諸司以德而威莫敖以刑也莫敖狃於蒲騷之役將自用也狃忕也蒲騷在十一年○〔狃〕女久反〔忕〕時世反必小羅君若不鎮撫其不設備乎夫固謂君訓衆而好鎮撫之撫小民以信也○〔好〕呼報反又如字召

諸司而勸之以令德。訓諸司以德也。見莫敖而告諸天之不假易也。諸，之也。言天不借貸慢易之人，威莫敖以刑也。○〔易〕以豉反。不然夫豈不知楚師之盡行也。楚子使賴人追之不及。賴國在義陽隨縣。賴人仕於楚者。○〔盡〕津忍反。此類可以意求。莫敖使徇于師曰：諫者有刑。徇，宣令也。○〔徇〕音殉。及鄢，亂次以濟。鄢水在襄陽宜城縣入漢。○〔鄢〕於晚反，又於萬反。遂無次，且不設備。及羅，羅與盧戎兩軍之。盧戎，南蠻。大敗之。莫敖縊于荒谷，羣帥囚于冶父，縊，自經也。荒谷、冶父皆楚地。以聽刑。楚子曰：孤之罪也。皆免之。宋多責賂於鄭，立突賂。鄭不堪命，故以紀、魯及齊與宋、衛、燕戰。不書所戰，後也。公後地期，而及其戰，故不書所戰之地。鄭人來請脩好。

經十有四年春。正月。公會鄭伯于曹。脩十二年武父之好。以曹地。曹與會。無冰。無傳。書時失。夏五。不書月。闕文。鄭伯使其弟語來盟。秋八月。壬申。御廩災。御廩。藏公所親耕以奉粢盛之倉。天火曰災。例在宣十六年。○[廩]力錦反。乙亥。嘗。先其時。亦過也。既戒日致齊。廩雖災。苟不害嘉穀。則祭不應廢。故書以示法。○[先]悉薦反。冬十有二月。丁巳。齊侯祿父卒。無傳。隱六年盟於艾。宋人以齊人蔡人衛人陳人伐鄭。凡師能左右之曰以。例在僖二十六年。

傳十四年春。會于曹。曹人致餼。禮也。熟曰饔。生曰餼。夏。鄭子人來尋盟。且脩曹之會。子人。即弟語也。其後爲子人氏。秋八月。壬申。御廩災。乙亥。嘗。書不害也。災其屋。救之則息。不及穀。故曰書不害。冬。宋人以諸侯伐鄭。報宋之戰也。在十二年。焚渠門。入及大逵。

渠門鄭城門逵道方九軌伐東郊取牛首東郊鄭郊牛首鄭邑以大宮之椽

歸爲盧門之椽大宮鄭祖廟盧門宋城門告伐而不告入取故不書○〔大〕音泰

經十有五年春二月天王使家父來求車三月乙未

天王崩無傳桓王也夏四月己巳葬齊僖公無傳五月鄭伯

突出奔蔡突既篡立權不足以自固又不能倚任祭仲反與小臣造賊盜之計故以自奔爲文

罪之也例在昭三年鄭世子忽復歸于鄭忽實居君位故今還以復其位之例爲文

也稱世子者忽爲大子有母氏之寵宗卿之援有功於諸侯此大子之盛者也而守介節以失大國之助

知三公子之强不從祭仲之言修小善絜小行從匹夫之仁忘社稷之大計故君子謂之善自爲謀言不

能謀國也父卒而不能自君鄭人亦不君之出則降名以赴入則逆以大子之禮始於見逐終於見殺三

公子更立亂鄭國者實忽之由復歸例在成十八年許叔入于許許叔莊公弟也隱十一年

鄭使許大夫奉許叔居許東偏鄭莊公既卒乃入居位許人嘉之以字告也叔本不去國雖稱入非國逆例

公會齊侯于艾邾人牟人葛人來朝無傳三人皆附庸之世子也其君應稱名故其子降稱人牟國今泰山牟縣葛國在梁國寧陵縣東北

秋九月鄭伯突入于櫟櫟鄭別都也今河南陽翟縣未得國直書入無義例也○[櫟]音歷

冬十有一月公會宋公衛侯陳侯于袲伐鄭袲宋地在沛國相縣西南先行會禮而後伐也○[袲]昌氏反[相]息亮反

傳十五年春天王使家父來求車非禮也諸侯不貢車服車服上之所以賜下天子不私求財諸侯有常職貢

祭仲專鄭伯患之使其壻雍糾殺之將享諸郊雍姬知之謂其母曰父與夫孰親其母曰人盡夫也父一而已胡可比

也婦人在室則天父出則天夫女以爲疑故母以所生爲本解之遂告祭仲曰雍氏舍其室而將享子於郊吾惑之以告祭仲殺雍糾尸諸周氏之汪汪池也周氏鄭大夫殺而暴其尸以示戮也○[舍]音捨[汪]烏黄反[暴]步卜反公載以出愍其見殺故載其尸共出國曰謀及婦人宜其死也夏厲公出奔蔡六月乙亥昭公入許叔入于許公會齊侯于艾謀定許也秋鄭伯因櫟人殺檀伯而遂居櫟檀伯鄭守櫟大夫冬會于袲謀伐鄭將納厲公也弗克而還

經十有六年春正月公會宋公蔡侯衛侯于曹夏四月公會宋公衛侯陳侯蔡侯伐鄭春既謀之今書會者魯諱議納不正蔡常在衛上今序陳下蓋後至秋七月公至自伐鄭用飲至之禮故書冬城

向。傳曰。書時也。而下有十一月。舊說因謂傳誤。此城向亦俱是十一月。但本事異。各隨本而書之耳。經書夏叔弓如滕。五月葬滕成公。傳云五月叔弓如滕。即知但稱時者。未必與下月異也。又推校此年。閏在六月。則月却而節前。水星可在十一月而正也。詩云定之方中。作于楚宮。此未正中也。功役之事。皆總指天象。不與言歷數同也。故傳之釋經。皆通言一時。不月別。○〔向〕失亮反。〔定〕丁佞反。十有一月。衞侯朔出奔齊。惠公也。朔讒構取國。故不言二公子逐。罪之也。

傳十六年春正月。會于曹。謀伐鄭也。前年冬謀納厲公不克。故復更謀。夏伐鄭。秋七月。公至自伐鄭。以飲至之禮也。冬城向。書時也。初衞宣公烝於夷姜。生急子。夷姜宣公之庶母也。上淫曰烝。屬諸右公子。爲之娶於齊而美。公取之。生壽及朔。屬壽於左公子。左右媵之子。因以爲號。○〔屬〕音燭。下同。〔爲〕于僞反。〔媵〕羊政反。夷姜縊。（失寵而自經死。）宣姜與公子朔構急子。（宣姜，宣公所取急子之妻。構，會其過惡。○〔構〕古豆反。〔會〕古外反。）公使諸齊使盜待諸莘將殺之。（莘，衞地，陽平縣西北有莘亭。○〔公使〕所吏反。〔莘〕所巾反。）壽子告之使行。（行，去也。）不可曰弃父之命惡用子矣。（惡，安也。〔惡〕音烏。）○有無父之國則可也及行飲以酒壽子載其旌以先盜殺之急子至曰我之求也此何罪請殺我乎又殺之二公子故怨惠公十一月左公子洩右公子職立公子黔牟。（黔牟，羣公子。○〔飲〕於鴆反。〔洩〕息列反。〔黔〕其廉反。）惠公奔齊。

經十有七年春正月丙辰公會齊侯紀侯盟于黃。（黃，齊地。）二月丙午公會邾儀父盟于趡。（趡，魯地。稱字，義與蔑盟同。二月無丙午。丙午。三月四日也。日月必有誤。○〔趡〕翠軌反夏五月丙午。及齊師戰于奚。奚。魯地。皆陳曰戰。○〔陳〕直覲反六月丁丑。蔡侯封人卒。十一年。大夫盟于折。秋八月。蔡季自陳歸于蔡。季。蔡侯弟也。言歸。爲陳所納。癸巳。葬蔡桓侯。無傳。稱侯。蓋謬誤。三月而葬。速。及宋人衞人伐邾。冬十月朔。日有食之。甲乙者。歷之紀也。晦朔者。日月之會也。日食不可以不存晦朔。晦朔須甲乙而可推。故日食必以書朔日爲例。

傳十七年。春。盟于黃。平齊紀。且謀衞故也。齊欲滅紀。衞逐其君。及邾儀父盟于趡。尋蔑之盟也。蔑盟在隱元年。夏。及齊師戰于奚。疆事也。爭疆界也。於是齊人侵魯疆。疆吏來告。公曰。疆埸之事。愼守其一。而備其不虞。虞。度也。不度猶不意也。○〔埸〕音亦。

姑盡所備焉。事至而戰。又何謁焉。齊背盟而來。公以信待。故不書侵伐。

蔡桓侯卒。蔡人召蔡季于陳。桓侯無子。故召季而立之。季內得國人之望。外有諸侯之助。故書字以善得衆。稱歸以明外納。秋。蔡季自陳歸于蔡。蔡人嘉之也。嘉之。故以字告。伐邾。宋志也。邾宋爭疆。魯從宋志。背趡之盟。冬十月朔。日有食之。不書日。官失之也。天子有日官。諸侯有日御。日官日御。典歷數者。日官居卿以厎日。禮也。日官天子掌歷者。不在六卿之數。而位從卿。故言居卿也。厎。平也。謂平歷數。○厎音旨。日御不失日。以授百官于朝。日官平歷以班諸侯。諸侯奉之。不失天時。以授百官。初。鄭伯將以高渠彌爲卿。昭公惡之。固諫不聽。昭公立。懼其殺己也。辛卯。弒昭公而立公子亹。公子亹。昭公弟。○惡烏路反。亹音尾。君子謂昭公

知所惡矣公子達曰公子達魯大夫高伯其爲戮乎復惡已甚矣復重也本爲昭公所惡而復弑君重爲惡也○[復]扶又反一音服

經十有八年春王正月公會齊侯于濼濼水在濟南歷城縣西北入濟○[濼]盧篤力角二反公與夫人姜氏遂如齊公本與夫人俱行至濼公與齊侯行會禮故先書會濼既會而相隨至齊故曰遂夏四月丙子公薨于齊不言戕諱之也戕例在宣十八年丁酉公之喪至自齊無傳告廟也丁酉五月一日有日而無月秋七月冬十有二月己丑葬我君桓公無傳九月乃葬緩慢也

傳十八年春公將有行遂與姜氏如齊始議行事申繻曰女有家男有室無相瀆也謂之有禮易此必敗女安夫之

家夫安妻之室違此則為瀆今公將姜氏如齊故知其當致禍亂公會齊侯于濼遂及文姜如齊齊侯通焉公謫之（謫讁也○〔謫〕直革反）以告（夫人告齊侯）夏四月丙子享公（齊侯為公設享燕之禮）使公子彭生乘公公薨于車（上車曰乘彭生多力拉公幹而殺之○〔乘〕如字又繩證反〔拉〕力荅反〔幹〕古旦反）魯人告于齊曰寡君畏君之威不敢寧居來脩舊好禮成而不反無所歸咎惡於諸侯請以彭生除之（除恥辱之惡也）齊人殺彭生（不書非卿）秋齊侯師于首止（陳師首止討鄭弒君也首止衛地陳留襄邑縣東南有首鄉）子亹會之高渠彌相（不知齊欲討己○〔相〕息亮反）七月戊戌齊人殺子亹而轘高渠彌（車裂曰轘○〔轘〕音患）祭仲逆鄭子于陳而立之（鄭子昭公弟子儀也）是行也祭仲知之

故稱疾不往人曰祭仲以知免仲曰信也時人譏祭仲失忠臣之節。仲以子亹爲渠彌所立。本既不正。又不能固位安民。宜其見除。故卽而然譏者之言。以明本意。○〔知〕音智。周公欲弒莊王而立王子克莊王桓王大子。王子克莊王弟子儀。辛伯告王遂與王殺周公黑肩王子克奔燕辛伯周大夫。初子儀有寵於桓王桓王屬諸周公辛伯諫曰竝后妾如后。○〔屬〕音燭。匹嫡庶如嫡。兩政臣擅命。耦國都如國。亂之本也周公弗從故及及於難也。

春秋經傳集解桓公第二

春秋經傳集解莊公第三

莊公名同桓公子母文姜諡法勝敵克亂曰莊

杜氏註　盡三十二年

經元年春王正月三月夫人孫于齊夫人莊公母也魯人責之故出奔內諱奔謂之孫猶孫讓而去○〔孫〕本作遜夏單伯送王姬無傳單伯天子卿也單采地伯爵也王將嫁女于齊既命魯爲主故單伯送女不稱使也王姬不稱字以王爲尊且別於內女也天子嫁女於諸侯使同姓諸侯主之不親昏尊卑不敵○〔單〕音善秋築王姬之館于外公在諒闇慮齊侯當親迎不忍便以禮接於廟又不敢逆王命故築舍於外○〔諒〕音梁又音亮〔迎〕魚敬反冬十月乙亥陳侯林卒無傳未同盟而赴以名王使榮叔來錫桓公命無傳榮叔周大夫榮氏叔字錫賜也追命桓公褒稱其德若昭七年王追命衞襄之比

王姬歸于齊。無傳。不書逆。公不與接。齊師遷紀郱鄑郚。無傳。齊欲滅紀。故徙其三邑之民。而取其地。郱在東莞臨朐縣東南。郚在朱虛縣東南。北海都昌縣西有訾城。○[郱]蒲丁反。[鄑]子斯反。[郚]音吾。[朐]其俱反。[訾]子斯反。

傳。元年。春。不稱即位。文姜出故也。文姜與桓俱行。而桓為齊所殺。故不敢還。莊公父弒母出。故不忍行即位之禮。據文姜未還。故傳稱文姜出也。姜於是感公意而還。不書。不告廟。三月。夫人孫于齊。不稱姜氏。絕不為親。禮也。姜氏齊姓。於文姜之義。宜與齊絕。而復奔齊。故於其奔。去姜氏以示義。秋。築王姬之館于外。為外。禮也。齊彊魯弱。又委罪於彭生。魯不能讎齊。然喪制未闋。故異其禮。得禮之變。○[闋]苦穴反。

經。二年。春。王二月。葬陳莊公。無傳。魯往會之。故書。例在昭六年。夏。公

子慶父帥師伐於餘丘 無傳於餘丘國名也莊公時年十五則慶父莊公庶兄

秋七月齊王姬卒 無傳魯爲之主比之內女

冬十有二月夫人姜氏會齊侯于禚 夫人行不以禮故還皆不書不告廟也禚齊地○[禚]諸若反

乙酉宋公馮卒 無傳再與桓同盟○[馮]皮冰反

傳二年冬夫人姜氏會齊侯于禚書姦也 文姜前與公俱如齊後懼而出奔至此始與齊好會會非夫人之事顯然書之傳曰書姦姦在夫人文姜比年出會其義皆同

經三年春王正月溺會齊師伐衛 溺魯大夫疾其專命而行故去氏○[溺]乃狄反[去]起呂反

夏四月葬宋莊公 無傳

五月葬桓王

秋紀季以酅入于齊 季紀侯弟酅紀邑在齊國東安平縣齊欲滅紀故季以邑入齊爲附庸先祀不廢社稷有奉故書字貴之○[酅]戶圭反

冬公次于滑 滑鄭地在陳留襄邑縣西北傳例曰

凡師過信爲次兵未有所加所次則書之既書兵所加則不書其所次以事爲宜非虛次

傳三年春溺會齊師伐衛疾之也傳重明上例夏五月葬桓王緩也以桓十五年三月崩七月乃葬故曰緩秋紀季以酅入于齊紀於是乎始判判分也言分爲附庸始於此冬公次于滑將會鄭伯謀紀故也鄭伯辭以難厲公在櫟故○[難]乃旦反[櫟]音歷凡師一宿爲舍再宿爲信過信爲次爲經書次例也舍宿不書輕也言凡師通君臣

經四年春王二月夫人姜氏享齊侯于祝丘無傳享食也兩君相見之禮非夫人所用直書以見其失祝丘魯地○[食]音嗣又如字三月紀伯姬卒無傳隱二年裂繻所逆者內女唯諸侯夫人卒葬皆書恩成於敵體夏齊侯陳侯鄭伯遇于垂無傳紀侯大去其國以國與季季奉社稷故不言滅不見迫逐故不言奔

大去者。不反之辭。六月乙丑。齊侯葬紀伯姬。無傳。紀季入酅。爲齊附庸。而紀侯大去其國。齊侯加禮初附。以崇厚義。故攝伯姬之喪。而以紀國夫人禮葬之。秋七月。冬。公及齊人狩于禚。無傳。公越竟與齊微者俱狩。失禮可知。○[狩]手又反。

傳。四年春王三月。楚武王荊尸。授師孑焉。以伐隨。尸。陳也。荊亦楚也。更爲楚陳兵之法。揚雄方言。孑者。戟也。然則楚始於此參用戟爲陳。○[孑]吉熱反。方言云。楚謂戟爲孑。爲[陳]直覲反。將齊。入告夫人鄧曼曰。余心蕩。將授兵於廟。故齊。蕩。動散也。○[齊]側皆反。鄧曼歎曰。王祿盡矣。盈而蕩。天之道也。先君其知之矣。故臨武事。將發大命。而蕩王心焉。楚爲小國。僻陋在夷。至此武王始起其衆。僭號稱王。陳兵授師。志意盈滿。臨齊而散。故鄧曼以天地鬼神爲徵應之符。若師徒無虧。王薨於行。國之福也。王薨於行。不死於敵。王遂行。卒於樠木之下。樠木，木名。○樠，郎蕩反，又莫昆反，又武元反。令尹鬬祁、莫敖屈重除道梁溠，營軍臨隨。隨人懼，行成。時祕王喪，故爲奇兵，更開直道。溠水在義陽厥縣西，東南入鄖水。梁，橋也。隨人不意其至，故懼而行成。○重，直用反，一直容反。溠，側嫁反。鄖，音云。莫敖以王命入盟隨侯，且請爲會於漢汭而還。汭，內也，謂漢西。○汭，如銳反。水曲曰汭。濟漢而後發喪。紀侯不能下齊，以與紀季。不能降屈事齊，盡以國與季，明季不叛。夏，紀侯大去其國，違齊難也。違，辟也。○難，乃旦反。

經五年春王正月。夏，夫人姜氏如齊師。無傳。書姦。秋，郳犂來來朝。附庸國也。東海昌慮縣東北有郳城。犂來，名。○郳，五兮反。冬，公會齊人、宋人、陳人、蔡人伐衛。

傳。五年。秋。郳犂來來朝。名。未王命也。未受爵命爲諸侯。傳發附庸稱名例也。其後數從齊桓以尊周室。王命以爲小邾子。○〔數〕音朔。冬。伐衛納惠公也。惠公朔也。桓十六年出奔齊。

經。六年。春。王正月。王人子突救衛。王人。王之微官也。雖官卑。而見授以大事。故稱人。而又稱字。夏。六月。衛侯朔入于衛。朔爲諸侯所納。不稱歸。而以國逆爲文。朔懼失衆心。以國逆告也。歸入例在成十八年。秋。公至自伐衛。無傳。告於廟也。

螟。無傳。爲災。○〔螟〕音冥。冬。齊人來歸衛俘。公羊穀梁經傳皆言衛寶。此傳亦言寶。唯此經言俘。疑經誤。俘。囚也。○〔俘〕芳夫反。

傳。六年。春。王人救衛。夏。衛侯入。放公子黔牟于周。放甯跪于秦。殺左公子洩。右公子職。甯跪。衛大夫。宥之以遠曰放。○〔甯〕乃定反。〔跪〕其毀反。乃卽位。君子以二公子之立黔牟爲不度矣。
夫能固位者。必度其本末而後立衷焉。不知其本不
謀。知本之不枝。弗強。本末。終始也。衷。節適也。譬之樹木。本弱者其枝必披。非人力所
能強。成。○〔度〕待洛反。下同。〔衷〕丁仲反。音忠。〔強〕其丈反。〔披〕普靡反。又普加反。詩云。本枝百
世。詩大雅。言文王本枝俱茂。蕃滋百世也。冬。齊人來歸衛寶。文姜請之
也。公親與齊共伐衛。事畢而還。文姜淫於齊侯。故求其所獲珍寶。使以歸魯。欲說魯以謝慙。○〔說〕音悅。
楚文王伐申。過鄧。鄧祁侯曰。吾甥也。祁。諡也。姊妹之子曰甥。止
而享之。騅甥。聃甥。養甥請殺楚子。皆鄧甥。仕於舅。鄧氏也。○〔騅〕音隹。
侯弗許。三甥曰。亡鄧國者。必此人也。若不早圖。後君
噬齊。若齧腹齊。喻不可及。其及圖之乎。圖之。此爲時矣。鄧侯曰

人將不食吾餘。言自害其甥。必爲人所賤。對曰若不從三臣抑社稷實不血食而君焉取餘。言君無復餘。○[焉]於虔反。弗從還年楚子伐鄧。伐申還之年。十六年楚復伐鄧滅之。魯莊公十六年。楚終强盛爲經書楚事張本。

經七年春夫人姜氏會齊侯于防。防魯地。夏四月辛卯夜恆星不見。恆常也。謂常見之星。辛卯四月五日。月光尚微。蓋時無雲。日光不以昏沒。○[見]賢遍反。夜中星隕如雨。如而也。夜半乃有雲。星落而且雨。其數多。皆記異也。日光不匽恆星不見。而云夜中者。以水漏知之。○[中]丁仲反。又如字。[隕]于閔反。秋大水。無傳。無麥苗今五月。周之秋。平地出水。漂殺熟麥及五稼之苗。○[漂]匹妙反。冬夫人姜氏會齊侯于穀。無傳。穀齊地。今濟北穀城縣。

傳七年春文姜會齊侯于防齊志也文姜數與齊侯會至齊地則姦發夫人至魯地則齊侯之志故傳略舉二端以言之○〔數〕音朔夏恆星不見夜明也星隕如雨與雨偕也偕俱也秋無麥苗不害嘉穀也黍稷尚可更種故曰不害嘉穀

經八年春王正月師次于郎以俟陳人蔡人無傳期共伐郕陳蔡不至故駐師于郎以待之甲午治兵治兵於廟習號令將以圍郕夏師及齊師圍郕郕降于齊師二國同討而齊獨納郕○〔降〕戶江反秋師還時史善公克己復禮全軍而還故特書師還冬十有一月癸未齊無知弒其君諸兒稱臣臣之罪也○〔兒〕如字一音五兮反

傳八年春治兵于廟禮也夏師及齊師圍郕郕降于

齊師。仲慶父請伐齊師。齊不與魯共其功。故欲伐之。公曰。不可。我實不德。齊師何罪。罪我之由。夏書曰。皐陶邁種德。夏書。逸書也。稱皐陶能勉種德。邁。勉也。德乃降。姑務脩德以待時乎。言苟有德。乃爲人所降服。姑。且也。秋。師還。君子是以善魯莊公。傳言經所以即用舊史之文。齊侯使連稱管至父戍葵丘。連稱。管至父。皆齊大夫。戍。守也。葵丘。齊地。臨淄縣西有地名葵丘。○[稱]尺證反。又如字。瓜時而往。曰。及瓜而代。期戍。公問不至。問。命也。○[期]音基。請代。弗許。故謀作亂。僖公之母弟曰夷仲年。生公孫無知。有寵於僖公。衣服禮秩如適。適。大子。○[適]丁歷反。襄公絀之。二人因之以作亂。二人。連稱。管至父。○[絀]勑律反。連稱有從妹在公宮。無寵。使閒公。伺公之閒隙。○[從]才

用反。下同。曰。捷。吾以女爲夫人。○捷、克也。宣無知之言。[捷]在接反。[女]音汝。冬十

二月。齊侯游于姑棼。遂田于貝丘。姑棼、貝丘、皆齊地。田、獵也。樂安博昌

縣南有地名貝丘。○[棼]扶云反。[貝]補蓋反。見大豕。從者曰。公子彭生也。公見

大豕。而從者見彭生。皆妖鬼。公怒曰。彭生敢見。射之。豕人立而啼。

公懼。隊于車。傷足。喪屨。反誅屨於徒人費。誅、責也。[見]賢遍反。○

[射]食亦反。[隊]直類反。[喪]息浪反。[費]音祕。弗得。鞭之。見血。走出。遇賊于門。

劫而束之。費曰。我奚御哉。袒而示之背。信之。費請先

入。詐欲助賊。○[御]魚呂反。[袒]音但。伏公而出。鬬。死于門中。石之紛如

死于階下。石之紛如、齊小臣。亦鬬死。遂入。殺孟陽于牀。孟陽、亦小臣。代公居

牀。曰。非君也。不類。見公之足于戶下。遂弒之。而立無

知。經書十一月癸未，長曆推之，月六日也。傳云十二月，傳誤。初襄公立無常。政令無常。鮑叔牙曰：君使民慢，亂將作矣。奉公子小白出奔莒。鮑叔牙，小白傳。小白，僖公庶子。○〔鮑〕步卯反。亂作，管夷吾、召忽奉公子糾來奔。管夷吾、召忽，皆子糾傳也。子糾，小白庶兄。來不書，皆非卿也。為九年公伐齊納子糾、齊小白入于齊傳。○〔召〕時照反。初公孫無知虐于雍廩。雍廩，齊大夫。為殺無知傳。

經九年春，齊人殺無知。無知弒君而立，未列於會，故不書爵。例在成十六年。公及齊大夫盟于蔇。齊亂無君，故大夫得敵於公。蓋欲迎子糾也。來者非一人，故不稱名。蔇，魯地。琅邪繒縣北有蔇亭。○〔蔇〕其器反。夏，公伐齊納子糾。齊小白入于齊。二公子各有黨，故雖盟而迎子糾，當須伐乃得入。又出在小白之後。小白稱入，從國逆之文，本無位。秋七月丁酉，葬齊襄公。無傳。九月乃葬，亂故。八月庚申，及齊師戰于乾時。我師敗績。小白既定。而公猶不退師。歷時而戰。戰遂大敗。不稱公戰。公敗。諱之。乾時。齊地。時水在樂安界。岐流。旱則竭涸。故曰乾時。○(乾)音干。九月。齊人取子糾殺之。公子為賊亂則書。齊實告殺。而書齊取殺者。時史惡齊志在譎。以求管仲。非不忍其親。故極言之。○(惡)烏路反。(譎)古穴反。冬。浚洙。無傳。洙水在魯城北。下合泗。浚深之。為齊備。

傳。九年春。雍廩殺無知。公及齊大夫盟于蔇。齊無君也。夏。公伐齊。納子糾。桓公自莒先入。桓公。小白。秋。師及齊師戰于乾時。我師敗績。公喪戎路。傳乘而歸。戎路。兵車。傳乘。乘他車。○(喪)息浪反。(乘)繩正反。(乘)他如字。秦子梁子以公旗辟于下道。二子。公御及戎右也。以誤齊師。○(辟)音避。是以皆止。止。獲也。鮑叔帥師來言曰。子糾親也。請君討之。鮑叔乘勝而進軍。志在生得管仲。故託不忍之辭。管召讎也。請受而甘心焉。管仲射桓公，故曰讎。甘心，言欲快意戮殺之。乃殺子糾于生竇。生竇，魯地。○〔竇〕音豆。召忽死之。管仲請囚。鮑叔受之，及堂阜而稅之。堂阜，齊地。東莞蒙陰縣西北有夷吾亭，或曰鮑叔解夷吾縛於此，因以爲名。○〔稅〕土活反，一失銳反。歸而以告曰：管夷吾治於高傒，高傒，齊卿高敬仲也。言管仲治理政事之才多於敬仲。○〔傒〕音兮。使相可也。公從之。○〔相〕息亮反。

經十年春王正月，公敗齊師于長勺。齊人雖成列，魯以權譎稽之，列成而不得用，故以未陳爲文。例在十一年。長勺，魯地。○〔勺〕上酌反，〔陳〕直覲反。二月，公侵宋。無傳。侵例在二十九年。三月，宋人遷宿。無傳。宋強遷之而取其地，故文異於邢遷。○〔強〕其丈反。夏六月，齊師、宋師次于郎。不言侵伐，齊爲兵主，背蔑之盟，義與長勺同。公敗宋師于乘丘。乘丘，魯地。○〔乘〕繩證反。秋九月，荊敗蔡師于莘荊楚本號後改爲楚楚辟陋在夷於此始通中國然告命之辭猶未合典禮故不稱將帥莘蔡地○［莘］所巾反［將］子匠反［帥］所類反以蔡侯獻舞歸獻舞蔡季冬十月齊師滅譚譚國在濟南平陵縣西南傳曰譚無禮此直釋所以見滅經無義例他皆放此滅例在文十五年譚子奔莒不言出奔國滅無所出

傳十年春齊師伐我不書侵伐齊背蔇之盟我有辭公將戰曹劌請見曹劌魯人○［劌］古衛反［見］賢遍反其鄉人曰肉食者謀之又何閒焉肉食在位者閒猶與也○［與］音預劌曰肉食者鄙未能遠謀乃入見問何以戰公曰衣食所安弗敢專也必以分人對曰小惠未徧民弗從也分公衣食所惠不過左右故曰未徧公曰犧牲玉帛弗敢加也必以信祝辭不敢以小爲大以惡爲美對曰小信未

孚神弗福也。孚，大信也。公曰小大之獄雖不能察必以情必盡己情察審也。對曰忠之屬也上思利民忠也。可以一戰戰則請從公與之乘共乘兵車。○〔從〕去聲〔乘〕繩證反戰于長勺公將鼓之劌曰未可齊人三鼓劌曰可矣齊師敗績公將馳之劌曰未可下視其轍視車跡也。○〔三〕息暫反又如字登軾而望之曰可矣遂逐齊師既克公問其故對曰夫戰勇氣也一鼓作氣再而衰三而竭彼竭我盈故克之夫大國難測也懼有伏焉恐詐奔吾視其轍亂望其旗靡故逐之旗靡轍亂怖遽夏六月齊師宋師次于郎公子偃曰宋師不整可敗也公子偃魯大夫宋敗齊必還請擊之公弗許自雩門竊出蒙皐比而先犯之（雩門魯南城門皐比虎皮○[比]音毗）公從之大敗宋師于乘丘齊師乃還蔡哀侯娶于陳息侯亦娶焉息嬀將歸過蔡蔡侯曰吾姨也（妻之姊妹曰姨）止而見之弗賓（不禮敬也）息侯聞之怒使謂楚文王曰伐我吾求救於蔡而伐之楚子從之秋九月楚敗蔡師于莘以蔡侯獻舞歸齊侯之出也過譚譚不禮焉及其入也諸侯皆賀譚又不至（以九年入○[過]平聲）冬齊師滅譚譚無禮也譚子奔莒同盟故也（傳言譚不能及遠所以亡）

經十有一年春王正月（無傳）夏五月戊寅公敗宋師于鄑（鄑魯地傳例曰敵未陳曰敗某師○[鄑]子斯反）秋宋大水（公使弔之故書）冬王姬

歸于齊。魯主昏．不書齊侯逆．不見公．

傳。十一年。夏。宋爲乘丘之役。故侵我。公禦之。宋師未陳而薄之。敗諸鄑。凡師。敵未陳曰敗某師。通謂設權譎變詐以勝敵．彼我不得成列．成列而不得用．故以未陳．獨敗爲文．○［爲］乘．于僞反．［陳］直覲反．皆陳曰戰。堅而有備．各得其所成敗決於志力者也．大崩曰敗績。師徒撓敗．若沮岸崩山．喪其功績．故曰敗績．○［撓］乃孝反．一音乃巧反．［沮］在呂反．壞也．一音子餘反．岸崩謂之沮．得儁曰克。謂若大叔段之比．才力足以服衆．威權足以自固．進不成爲外寇强敵．退復狡壯．有二君之難．而實非二君．克而勝之．則不言彼敗績．但書所克之名．○［儁］音俊．覆而敗之曰取某師。覆．謂威力兼備．若羅網所掩覆．一軍皆見禽制．故以取爲文．京師敗曰王師敗績于某。王者無敵於天下．天下非所得與戰者．然春秋之世．據有其事．事列於經．則不得不因申其義．有時而敗則以自敗爲文明天下莫之得校。○[校]音教。淫雨害於粢盛。若之何不弔。不爲天所愍弔。對曰。孤實不敬。天降之災。又以爲君憂。拜命之辱。謝辱厚命。臧文仲曰。宋其興乎。臧文仲。魯大夫。禹湯罪己。其興也悖焉。悖。盛貌。○[悖]蒲忽反。一作勃。桀紂罪人。其亡也忽焉。忽。速貌。且列國有凶稱孤。禮也。列國諸侯。無凶則常稱寡人。言懼而名禮。其庶乎。言懼。罪己。名。禮。稱孤。其庶庶幾於興。○言懼而名禮絕句。既而聞之曰。公子御說之辭也。宋莊公子。○[御]魚呂反。[說]音悅。臧孫達曰。是宜爲君。有恤民之心。冬。齊侯來逆共姬。齊桓公也。○[共]音恭。乘丘之役。在十年。公以金僕姑射南宮長萬。金僕姑。矢名。南宮長萬。宋大夫。○[射]食亦反。[長]丁丈反。公右歂孫生搏之（搏取也不書獲萬時未爲卿○〔歂〕市專反〔搏〕音博）宋人請之宋公靳之（戲而相愧曰靳魯聽其得還○〔靳〕居覲反服云恥而惡之曰靳）曰始吾敬子今子魯囚也吾弗敬子矣病之（萬不以爲戲而以爲己病爲宋萬弒君傳）

經十有二年春王三月紀叔姬歸于酅（無傳紀侯去國而死叔姬歸魯紀季自定於齊而後歸之全守節義以終婦道故繫之紀而以初嫁爲文賢之也來歸不書非寧且非大歸○〔酅〕音攜）夏四月秋八月甲午宋萬弒其君捷及其大夫仇牧（捷閔公不書葬亂也萬及仇牧皆宋卿仇牧稱名不警而遇賊無善事可褒）冬十月宋萬出奔陳（奔例在宣十年）

傳十二年秋宋萬弒閔公于蒙澤（蒙澤宋地梁國有蒙縣）遇仇牧于門批而殺之（手批之也○〔批〕普迷反又蒲穴反擊也）遇大宰督于

東宮之西又殺之（殺督不書宋不以告○[大]音泰）立子游（子游宋公子）羣公子奔蕭公子御說奔亳（蕭宋邑今沛國蕭縣亳宋邑蒙縣西北有亳城）南宮牛猛獲帥師圍亳（牛長萬之子猛獲其黨）冬十月蕭叔大心（叔蕭大夫名）及戴武宣穆莊之族（宋五公之子孫）以曹師伐之殺南宮牛于師殺子游于宋立桓公（桓公御說）猛獲奔衛南宮萬奔陳以乘車輦其母一日而至（乘車非兵車駕人曰輦宋去陳二百六十里言萬之多力○[乘]繩證反）宋人請猛獲于衛衛人欲勿與石祁子曰不可（石祁子衛大夫）天下之惡一也惡於宋而保於我保之何補得一夫而失一國與惡而弃好非謀也（宋衛本同好國○[好]呼報反）衛人歸之亦請南宮萬于陳以賂

陳人使婦人飲之酒而以犀革裹之比及宋手足皆見宋人皆醢之醢肉醬并醢猛獲故言皆○請南宮長萬于陳以賂絶句〔飲〕於鴆反〔見〕賢遍反〔醢〕音海

經十有三年春齊侯宋人陳人蔡人邾人會于北杏北杏齊地○杏戶猛反夏六月齊人滅遂遂國在濟北蛇丘縣東北○〔蛇〕音移秋七月冬公會齊侯盟于柯此柯今濟北東阿齊之阿邑猶祝柯今爲祝阿○〔柯〕古何反

傳十三年春會于北杏以平宋亂宋有弒君之亂齊桓欲脩霸業遂人不至夏齊人滅遂而戍之戍守也冬盟于柯始及齊平也始與齊桓通好宋人背北杏之會○〔背〕音佩

經十有四年春齊人陳人曹人伐宋背北杏會故夏單伯會伐宋既伐宋單伯乃至故曰會伐宋單伯周大夫秋七月荆入蔡入例在文

十五年冬單伯會齊侯宋公衛侯鄭伯于鄄鄄衛地今東郡鄄城也齊桓脩霸業卒平宋亂宋人服從欲歸功天子故赴以單伯會諸侯爲文○[鄄]音絹一音真

傳十四年春諸侯伐宋齊請師于周齊欲崇天子故請師假王命以示大順經書人傳言諸侯摠衆國之辭夏單伯會之取成于宋而還鄭厲公自櫟侵鄭厲公以桓十五年入櫟遂居之○[櫟]音歷及大陵獲傅瑕大陵鄭地傅瑕鄭大夫傅瑕曰苟舍我吾請納君與之盟而赦之六月甲子傅瑕殺鄭子及其二子而納厲公鄭子莊四年稱伯會諸侯今見殺不稱君無謚者微弱臣子不以君禮成喪告諸侯○[舍]音捨初內蛇與

外蛇鬬於鄭南門中內蛇死六年而厲公入公聞之問於申繻曰猶有妖乎對曰人之所忌其氣燄以取之妖由人興也尚書洛誥無若火始燄燄未盛而進退之時以喻人心不堅正○〔繻〕音須人無釁焉妖不自作人弃常則妖興故有妖厲公入遂殺傅瑕使謂原繁曰傅瑕貳言有二心於己○〔釁〕許靳反周有常刑既伏其罪矣納我而無二心者吾皆許之上大夫之事吾願與伯父圖之上大夫卿也伯父謂原繁疑原繁有二心且寡人出伯父無裏言無納我之言入又不念寡人不親附己寡人憾焉對曰先君桓公命我先人典司宗祏桓公鄭始受封君也宗祏宗廟中藏主石室言己世爲宗廟守臣○〔祏〕音石〔守〕手又反社稷有主而外其

心其何貳如之苟主社稷國內之民其誰不爲臣臣無二心天之制也子儀在位十四年矣子儀鄭子也而謀召君者庸非貳乎庸用也莊公之子猶有八人若皆以官爵行賂勸貳而可以濟事君其若之何臣聞命矣乃縊而死○莊公子猶有八人傳唯見四人子忽子亹子儀並死獨厲公在八人名字記傳無聞蔡哀侯爲莘故繩息嬀以語楚子莘役在十年繩譽也○〔爲〕莘于僞反〔語〕魚據反〔繩〕食承反楚子如息以食入享遂滅息僞設享食之具○〔食〕音嗣以息嬀歸生堵敖及成王焉未言未與王言〔堵〕丁古反○楚子問之對曰吾一婦人而事二夫縱弗能死其又奚言楚子以蔡侯滅息遂伐蔡欲以說息嬀○〔說〕音悅秋七月楚

入蔡君子曰商書所謂惡之易也如火之燎于原不可鄉邇其猶可撲滅者其如蔡哀侯乎商書盤庚言惡易長而難滅。冬會于鄄宋服故也

經十有五年春齊侯宋公陳侯衛侯鄭伯會于鄄夏夫人姜氏如齊無傳夫人文姜齊桓公姊妹父母在則禮有歸寧沒則使卿寧。秋宋人齊人邾人伐郳宋主兵故序齊上。○郳五兮反。鄭人侵宋冬十月

傳十五年春復會焉齊始霸也始為諸侯長。○復扶又反。秋諸侯為宋伐郳郳附庸屬宋而叛故齊桓為之伐郳。鄭人閒之而侵宋

經十有六年春王正月夏宋人齊人衛人伐鄭宋主兵也。班序上下以國大小為文征伐則以主兵為先春秋之常也他皆放此。秋荊伐鄭冬十

有二月。會齊侯宋公陳侯衛侯鄭伯許男滑伯滕子同盟于幽。書會。魯會之。不書其人。微者也。言同盟。服異也。陳國小。每盟會皆在衛下。齊桓始霸。楚亦始彊。陳侯介於二大國之閒。而爲三恪之客。故齊桓因而進之。遂班在衞上。終於春秋。滑國都費。河南緱氏縣。幽。宋地。○費扶味反。又音祕。緱古侯反。邾子克卒。無傳。克。儀父名。稱子者。蓋齊桓請王命以爲諸侯。再同盟。

傳十六年。夏。諸侯伐鄭。宋故也。鄭侵宋故。鄭伯自櫟入。在十四年。緩告于楚。秋。楚伐鄭。及櫟。爲不禮故也。鄭伯治與於雍糾之亂者。在桓十五年。○爲于僞反。與音預。九月。殺公子閼。刖強鉏。二子。祭仲黨。斷足曰刖。○閼安未反。刖音月。又五刮反。鉏仕魚反。公父定叔出奔衞。共叔段之孫。定。諡也。三年而復之。曰。不可使共叔無後於鄭使以十月入曰戹月也就盈數焉（數滿於十）君子謂强鉏不能衛其足（言其不能早辟害）冬同盟于幽鄭成也王使虢公命曲沃伯以一軍爲晉侯（曲沃武公遂并晉國僖王因就命爲晉侯小國故一軍）初晉武公伐夷執夷詭諸（夷詭諸周大夫夷采地名○詭九委反）蔿國請而免之（蔿國周大夫○蔿于委反）既而弗報（詭諸不報施於蔿國○施始豉反）故子國作亂謂晉人曰與我伐夷而取其地（使晉取夷地）遂以晉師伐夷殺夷詭諸周公忌父出奔虢（周公忌父王卿士辟子國之難）惠王立而復之（魯桓十五年經書桓王崩魯莊三年經書葬桓王自此以來周有莊王又有僖王崩葬皆不見於經傳王室微弱不能復自通於諸侯故傳因周公忌父之事而見惠王惠王立在此年之末）

經十有七年春齊人執鄭詹齊桓始霸鄭既伐宋又不朝齊詹爲鄭執政大臣詰齊見執不稱行人罪之也行人例在襄十一年諸執大夫皆稱人以執之大夫賤故○[詹]之廉反

夏齊人殲于遂殲盡也齊人戍遂翫而無備遂人討而盡殺之故時史因以自盡爲文○[殲]子廉反

秋鄭詹自齊逃來無傳詹不能伏節守死以解國患而遁逃苟免書逃以賤之

冬多麋無傳麋多則害五稼故以災書○[麋]亡悲反

傳十七年春齊人執鄭詹鄭不朝也夏遂因氏頜氏工婁氏須遂氏饗齊戍醉而殺之齊人殲焉饗酒食也四族遂之彊宗齊滅遂戍之在十三年○[頜]烏納反又苦荅反

經十有八年春王三月日有食之無傳不書日官失之

夏公追戎于濟西戎來侵魯公逐之於濟水之西

秋有蜮蜮短狐也蓋以含沙射人爲災○[蜮]

音或本草謂之射工 冬十月

傳十八年春虢公晉侯朝王王饗醴命之宥 王之覲羣后始則行饗禮先置醴酒示不忘古飲宴則命以幣物宥助也所以助歡敬之意言備設 皆賜玉五瑴馬三匹非禮也 雙玉爲瑴○（瑴）音角 王命諸侯名位不同禮亦異數不以禮假人 侯而與公同賜是借人禮 虢公晉侯鄭伯使原莊公逆王后于陳陳嬀歸于京師 虢晉朝王鄭伯又以齊執其卿故求王爲援皆在周倡義爲王定昏陳人敬從得同姓宗國之禮故傳詳其事不書不告 實惠后 陳嬀後號惠后寵愛少子亂周室事在僖二十四年故傳於此並正其后稱○（稱）尺證反 夏公追戎于濟西不言其來諱之也 戎來侵魯魯人不知去乃追之故諱不言其來 秋有蜮爲災也初楚武王克權使鬭緡尹之 權國名南郡當

陽縣東南有權城。闕。緡。楚大夫。○(緡)亡巾反。以叛圍而殺之。○緡以權叛。以叛句。遷權於那處。那處楚地。南郡編縣東南有那口城。○(那)乃多反。(處)昌呂反。又昌慮反。使閻敖尹之。閻敖楚大夫。及文王卽位。與巴人伐申而驚其師。驚巴師。巴人叛楚而伐那處。取之。遂門于楚。攻楚城門。閻敖游涌而逸。涌水在南郡華容縣。閻敖既不能守城。又游涌水而走。○(涌)音勇。楚子殺之。其族爲亂。冬。巴人因之以伐楚。

經十有九年。春。王正月。夏。四月。秋。公子結媵陳人之婦于鄄。遂及齊侯宋公盟。無傳。公子結。魯大夫。公羊穀梁皆以爲魯女媵陳侯之婦。其稱陳人之婦。未入國。略言也。大夫出竟。有可以安社稷利國家者。則專之可也。結在鄄。聞齊宋有會。權事之宜。去其本職。遂與二君爲盟。故備書之。本非魯公意。而又失媵陳之好。故冬各來伐。夫人姜氏如莒。無傳。非父母國而往。書姦。冬。齊人宋人陳人伐我西鄙。無傳。幽之盟。魯使微者會。鄄之盟又使滕臣行。所以受敵。鄙。邊邑。

傳十九年。春。楚子禦之。大敗於津。禦巴人。爲巴人所敗。津。楚地。或曰江陵縣有津鄉。還。鬻拳弗納。遂伐黃。鬻拳。楚大閽。黃。嬴姓國。今弋陽縣。○[鬻]音育。敗黃師于踖陵。踖陵。黃地。○[踖]在亦反。一音七略反。還。及湫。有疾。南郡鄀縣東南有湫城。○[湫]子小反。[鄀]音若。夏。六月。庚申。卒。鬻拳葬諸夕室。夕室。地名。亦自殺也。而葬於經皇。經皇。冢前闕。生守門。故死不失職。○[經]田結反。初。鬻拳强諫楚子。楚子弗從。臨之以兵。懼而從之。鬻拳曰。吾懼君以兵。罪莫大焉。遂自刖也。楚人以爲大閽。謂之大伯。若今城門校尉官。○[强]其丈反。[大]音泰。使其後掌之。使其子孫常主

（此官）君子曰鬻拳可謂愛君矣諫以自納於刑刑猶不忘納君於善（言愛君明非臣法也楚能盡其忠愛所以興）初王姚嬖于莊王生子頹（王姚莊王之妾也姚姓也）子頹有寵蔿國為之師及惠王即位（周惠王莊王孫）取蔿國之圃以為囿（圃園也囿苑也）邊伯之宮近於王宮王取之（邊伯周大夫）王奪子禽祝跪與詹父田（三子周大夫○跪求委反）而收膳夫之秩（膳夫石速也秩祿也）故蔿國邊伯石速詹父子禽祝跪作亂因蘇氏（蘇氏周大夫桓王奪其十二邑以與鄭自此以來遂不和）秋五大夫奉子頹以伐王（石速士也故不在五大夫數）不克出奔溫（溫蘇氏邑）蘇子奉子頹以奔衛衛師燕師伐周（燕南燕）冬立子頹

經二十年春王二月夫人姜氏如莒無傳夏齊大災無傳來告以大故書天火曰災例在宣十六年秋七月冬齊人伐戎無傳

傳二十年春鄭伯和王室不克克能也執燕仲父燕仲父南燕伯爲伐周故夏鄭伯遂以王歸王處于櫟秋王及鄭伯入于鄔鄔王所取鄭邑○[鄔]音塢遂入成周取其寶器而還冬王子頹享五大夫樂及徧舞皆舞六代之樂鄭伯聞之見虢叔叔虢公字曰寡人聞之哀樂失時殃咎必至今王子頹歌舞不倦樂禍也夫司寇行戮司寇刑官○[樂]音洛君爲之不舉去盛饌而況敢樂禍乎奸王之位禍孰大焉臨禍忘憂憂必及之盍納王乎虢公曰寡人之願也○[奸]音干[盍]胡臘反

經二十有一年春王正月夏五月辛酉鄭伯突卒十六年與魯大夫盟于幽秋七月戊戌夫人姜氏薨無傳薨寢祔姑赴於諸侯故具小君禮書之冬十有二月葬鄭厲公無傳八月乃葬緩慢也

傳二十一年春胥命于弭夏同伐王城鄭虢相命也弭鄭地○[弭]面爾反鄭伯將王自圉門入虢叔自北門入殺王子頹及五大夫鄭伯享王于闕西辟樂備闕象魏也樂備備六代之樂○[圉]魚呂反[辟]蒲歷反王與之武公之略自虎牢以東略界也鄭武公傳平王平王賜之自虎牢以東後失其地故惠王今復與之虎牢河南成皋縣原伯曰鄭伯效尤其亦將有咎原伯原莊公也言效子頹舞偏樂五月鄭厲公卒王巡虢守巡守於虢國也天子省方謂之巡守○[守]音狩虢公爲王宮于玤玤虢

地。○[玤]蒲項反。王與之酒泉。酒泉。周邑。鄭伯之享王也。王以后之

鞶鑑予之。后。王后也。鞶帶而以鑑爲飾也。今西方羌胡猶然。古之遺服。○[鞶]步干反。虢公

請器。王予之爵。爵。飲酒器。鄭伯由是始惡於王。爲僖二十四年鄭執

王使張本。○[惡]烏路反。冬。王歸自虢。傳言王之偏也。

經二十有二年春王正月。肆大眚。無傳。赦有罪也。易稱赦過宥罪。書稱

眚災肆赦。傳稱肆眚。圍鄭皆放赦罪人。盪滌衆故。以新其心。有時而用之。非制所常。故書。○[眚]所景反。

癸丑。葬我小君文姜。無傳。反哭成喪。故稱小君。陳人殺其公子御

寇。宣公大子也。陳人惡其殺大子之名。故不稱君父。以國討公子告。○[御]音禦。夏五月。秋。

七月丙申。及齊高傒盟于防。無傳。高傒。齊之貴卿。而與魯之微者盟。齊桓謙

接諸侯。以崇霸業。冬。公如齊納幣。無傳。公不使卿。而親納幣。非禮也。母喪未再期而圖

昏。二傳不見所譏。左氏又無傳。失禮明故。

傳。二十二年。春。陳人殺其大子御寇。傳稱大子。以實言。陳公子完與顓孫奔齊。公子完顓孫皆御寇之黨。顓孫自齊來奔。不書非卿。齊侯使敬仲爲卿。敬仲陳公子完。辭曰。羇旅之臣。羇寄也。旅客也。幸若獲宥。及於寬政。宥赦也。赦其不閑於教訓。而免於罪戾。弛於負擔。弛去離也。君之惠也。所獲多矣。敢辱高位。以速官謗。敢不敢也。請以死告。以死自誓。詩云。翹翹車乘。招我以弓。豈不欲往。畏我友朋。逸詩也。翹翹遠貌。古者聘士以弓。言雖貪顯命。懼爲朋友所譏責。○〔乘〕繩證反。使爲工正。掌百工之官。飲桓公酒。樂。齊桓賢之。故就其家會。據主人之辭。故言飲桓公酒。○〔飲〕於鴆反。〔樂〕音洛。公曰。以火繼之。辭曰。臣卜其晝。末卜其夜。不敢。君子曰。酒以成禮。不繼以淫。義也。夜飲爲淫樂。以君成禮。弗納於淫。仁也。初。懿氏卜妻敬仲。懿氏。陳大夫。龜曰卜。○〔妻〕七計反。其妻占之曰。吉。懿氏妻。是謂鳳皇于飛。和鳴鏘鏘。雄曰鳳。雌曰皇。雄雌俱飛。相和而鳴。鏘鏘然。猶敬仲夫妻相隨適齊。有聲譽。有嬀之後。將育于姜。嬀陳姓。姜齊姓。五世其昌。並于正卿。八世之後。莫之與京。京大也。陳厲公蔡出也。姊妹之子曰出。故蔡人殺五父而立之。五父陳佗也。殺陳佗在桓六年。生敬仲。其少也。周史有以周易見陳侯者。周大史也。〔少〕詩照反。○陳侯使筮之。著曰筮。遇觀䷓坤下巽上。觀。○〔觀〕古亂反。之否䷋坤下乾上。否。觀六四爻變而爲否。曰。是謂觀國之光。利用賓于王。此周易觀卦六四爻辭。易之爲

（書六爻皆有變象又有互體聖人隨其義而論之）此其代陳有國乎不在此其在異國非此其身在其子孫光遠而自他有耀者也坤土也巽風也乾天也風爲天於土上山也（巽變爲乾故曰風爲天自二至四有艮象艮爲山）有山之材而照之以天光於是乎居土上（山則材之所生上有乾下有坤故言居土上照之以天光）故曰觀國之光利用賓于王（四爲諸侯變而之乾有國朝王之象）庭實旅百奉之以玉帛天地之美具焉故曰利用賓于王（艮爲門庭乾爲金玉坤爲布帛諸侯朝王陳贄幣之象旅陳也百言物備）猶有觀焉故曰其在後乎（因觀文以博占故言猶有觀非在己之言故知在子孫）風行而著於土故曰其在異國乎若在異國必姜姓也姜大嶽之後也（姜姓之先爲堯）

四嶽。○[著]直略反。山嶽則配天。物莫能兩大。陳衰。此其昌乎。變而象艮。故知當與於大嶽之後。得大嶽之權。則有配天之大功。故知陳必衰。及陳之初亡也。昭八年。楚滅陳。陳桓子始大於齊。桓子。敬仲五世孫陳無宇。其後亡也。哀十七年。楚復滅陳。成子得政。成子。陳常也。敬仲八世孫。陳完有禮於齊。子孫世世不忘德。德協於卜。故傳備言其終始。卜筮者。聖人所以定猶豫。決疑似。因生義教者也。尚書洪範。通龜筮以同卿士之數。南蒯卜亂而遇元吉。惠伯荅以忠信則可。臧會卜僭。遂獲其應。丘明故舉諸縣驗於行事者。以示來世。而君子志其善者遠者。他皆放此。○[蒯]苦怪反。

經二十有三年。春。公至自齊。無傳。祭叔來聘。無傳。穀梁以祭叔爲祭公來聘魯。天子內臣。不得外交。故不言使。不與其得使聘。○[祭]側界反。夏。公如齊觀社。齊因祭社蒐軍實。故公往觀之。公至自齊。無傳。荊人來聘。無傳。不書荊子使某來聘。

君臣同辭者蓋楚之始通未成其禮公及齊侯遇于穀無傳○〔穀〕音谷蕭叔朝

公無傳蕭附庸國叔名就穀朝公故不言來凡在外朝則禮不得具嘉禮不野合秋丹桓宮

楹桓公廟也楹柱也冬十有一月曹伯射姑卒無傳未同盟而赴以名○

〔射〕示亦反又音亦十有二月甲寅公會齊侯盟于扈無傳扈鄭地在

滎陽卷縣西北〔扈〕音戶〔卷〕音權○

傳二十三年夏公如齊觀社非禮也曹劌諫曰不可

夫禮所以整民也故會以訓上下之則制財用之節

貢賦多少朝以正班爵之義帥長幼之序征伐以討其不

然不然不用命諸侯有王從王事王有巡守省四方以大習之

大習會朝之禮非是君不舉矣君舉必書書於策書而不法後

嗣何觀晉桓莊之族偪（桓叔莊伯之子孫強盛偪迫公室○〔偪〕彼力反）獻公患之士蔿曰去富子則羣公子可謀也已（士蔿晉大夫富子二族之富強者○〔蔿〕于委反〔去〕起呂反）公曰爾試其事士蔿與羣公子謀譖富子而去之（以罪狀誣之同族惡其富強故士蔿得因而閒之用其所親爲譖則似信離其骨肉則黨弱羣公子終所以見滅○〔惡〕烏路反）秋丹桓宮之楹

經二十有四年春王三月刻桓宮桷（刻鏤也桷椽也將逆夫人故爲盛飾）葬曹莊公（無傳）夏公如齊逆女（無傳親逆禮也）秋公至自齊（無傳）八月丁丑夫人姜氏入（哀姜也公羊傳以爲姜氏要公不與公俱入蓋以孟任故丁丑入而明日乃朝廟○〔要〕於遙反〔任〕音壬後同）戊寅大夫宗婦覿用幣（宗婦同姓大夫之婦禮小君至大夫執贄以見明臣子之道莊公欲奢夸夫人故使大夫宗婦同贄俱見

大水。無傳冬。戎侵曹。無傳曹羈出奔陳。無傳。羈蓋曹世子也。先君既葬而不稱爵者。微弱不能自定。曹人以名赴。赤歸于曹。無傳。赤曹僖公也。蓋爲戎所納。故曰歸。郭公。無傳。蓋經闕誤也。自曹羈以下。公羊穀梁之說既不了。又不可通之於左氏。故不采用。

傳二十四年春。刻其桷。皆非禮也。并非丹楹。故言皆。御孫諫曰。臣聞之。儉德之共也。侈惡之大也。御孫魯大夫。○〔御〕魚呂反。先君有共德。而君納諸大惡。無乃不可乎。以不丹楹刻桷爲共。秋。哀姜至。公使宗婦覿用幣。非禮也。傳不言大夫。唯舉非常。御孫曰。男贄大者玉帛。公侯伯子男執玉。諸侯世子附庸孤卿執帛。小者禽鳥。卿執羔。大夫執鴈。士執雉。以章物也。章所執之物。別貴賤。女贄不過榛栗棗脩。以告虔也。榛小栗。脩脯。虔敬也。皆取其名以示敬。○〔榛〕側巾反。〔脩〕鍛脯加薑桂曰脩。今男女同贄。是無別也。男女之別。國之大節也。而由夫人亂之。無乃不可乎。晉士蔿又與羣公子謀。使殺游氏之二子。游氏二子。亦桓莊之族。士蔿告晉侯曰。可矣。不過二年。君必無患。

經。二十有五年。春。陳侯使女叔來聘。女叔。陳卿。女氏。叔字。○[女]音汝。夏。五月。癸丑。衛侯朔卒。無傳。惠公也。書名。十六年與內大夫盟于幽。六月。辛未朔。日有食之。鼓用牲于社。鼓。伐鼓也。用牲以祭社。傳例曰。非常也。伯姬歸于杞。無傳。不書逆。女逆者微。秋。大水。鼓用牲于社于門。門。國門也。傳例曰。亦非常也。冬。公子友如陳。無傳。報女叔之聘。諸魯出朝聘。皆書。如。不果彼國必成其禮。故不稱朝聘。春秋之常也。公子友。莊公之母弟。稱公子者。史策之通言。母弟至親。異於

他臣其相殺害則稱弟以示義至於嘉好之事兄弟篤睦非例所興或稱弟或稱公子仍舊史之文也母弟例在宣十七年

傳二十五年春陳女叔來聘始結陳好也嘉之故不名季友相魯原仲相陳二人有舊故女叔來聘季友冬亦報聘嘉好接備鄉以字爲嘉則稱名其常也

夏六月辛未朔日有食之鼓用牲于社非常也非常鼓之月長歷推之辛未實七月朔置閏失所故致月錯唯正月之朔慝未作正月夏之四月周之六月謂正陽之月今書六月而傳云唯者明此月非正陽月也慝陰氣○〔正〕音政〔慝〕他得反日有食之於是乎用幣于社伐鼓于朝日食歷之常也然食於正陽之月則諸侯用幣于社請救於上公伐鼓于朝退而自責以明陰不宜侵陽臣不宜掩君以示大義

秋大水鼓用牲于社于門亦非常也失常禮凡天災有

幣無牲。天災，日月食，大水也。祈請而已，不用牲也。非日月之眚不鼓。眚猶災也。月侵日爲眚，陰陽逆順之事，賢聖所重，故特鼓之。○[眚]所景反。晉士蔿使羣公子盡殺游氏之族，乃城聚而處之。聚，晉邑。冬晉侯圍聚，盡殺羣公子。卒如士蔿之計。

經二十有六年春，公伐戎。無傳。夏公至自伐戎。無傳。曹殺其大夫。無傳。不稱名，非其罪。例在文七年。秋公會宋人、齊人伐徐。無傳。宋序齊上，主兵。冬十有二月癸亥朔，日有食之。無傳。

傳二十六年春，晉士蔿爲大司空。大司空，卿官。夏士蔿城絳，以深其宮。絳，晉所都也，今平陽絳邑縣。秋虢人侵晉。冬虢人又侵晉。爲傳明年晉將伐虢張本。此年經傳各自言其事者，或經是直文，或策書雖存而簡牘散落，不究其本末。故傳不復申解。但言傳事而已。

經。二十有七年。春。公會杞伯姬于洮。伯姬。莊公女。洮魯地。○[洮]他刀反。夏。六月。公會齊侯宋公陳侯鄭伯同盟于幽。秋。公子友如陳。葬原仲。原仲。陳大夫。原氏仲字也。禮。臣既卒不名。故稱字。季友違禮會外大夫葬。具見其事。亦所以知譏。○[見]賢遍反。冬。杞伯姬來。傳例曰歸寧。莒慶來逆叔姬。無傳。慶。莒大夫。叔姬。莊公女。卿自爲逆則稱字。例在宣五年。杞伯來朝。無傳。杞稱伯者。蓋爲時王所黜。公會齊侯于城濮。無傳。城濮。衞地。將討衞也。

傳。二十七年。春。公會杞伯姬于洮。非事也。非諸侯之事。天子非展義不巡守。天子巡守。所以宣布德義。諸侯非民事不舉。卿非君命不越竟。○[竟]音境。夏。同盟于幽。陳鄭服也。二十二年陳亂而齊納敬仲。二十五年。鄭文公之四年。獲成於楚。皆有二心於齊。今始服也。秋公子友如陳葬原仲非禮也原仲季友之舊也冬杞伯姬來歸寧也寧。問父母安否。凡諸侯之女歸寧曰來出曰來歸歸。不反之辭。夫人歸寧曰如某出曰歸于某晉侯將伐虢士蔿曰不可虢公驕若驟得勝於我必弃其民弃民不養之。無衆而後伐之欲禦我誰與夫禮樂慈愛戰所畜也夫民讓事樂和愛親哀喪而後可用也上之使民。以義讓哀樂爲本。言不可力強。○〔畜〕勑六反。下同。〔樂〕音洛。虢弗畜也亟戰將饑言虢不畜義讓而力戰。○〔亟〕欺冀反。王使召伯廖賜齊侯命召伯廖。王卿士。賜命爲侯伯。○〔召〕音邵。〔廖〕力彫反。且請伐衛以其立子頹也立子頹在十九年。

經二十有八年春王三月甲寅齊人伐衛衛人及齊人戰衛人敗績 齊侯稱人者諱取賂而還以賤者告不地者史失之 夏四月丁未邾子瑣卒 無傳未同盟而赴以名 秋荊伐鄭公會齊人宋人救鄭冬築郿 郿魯下邑傳例曰邑曰築○郿亡悲反 大無麥禾 書於冬者五穀畢入計食不足而後書也 臧孫辰告糴于齊 臧孫辰魯大夫臧文仲

傳二十八年春齊侯伐衛戰敗衛師數之以王命取賂而還晉獻公娶于賈無子 賈姬姓國也 烝於齊姜 齊姜武公妾 生秦穆夫人及大子申生又娶二女於戎大戎狐姬生重耳 大戎唐叔子孫別在戎狄者○重直龍反 小戎子生夷吾 小戎允姓之戎子女也 晉伐驪戎驪戎男女以驪姬 驪戎在京兆新豐縣其君姬姓

其爵男也納女於人曰女○〔女〕昵據反歸生奚齊其娣生卓子驪姬嬖

欲立其子賂外嬖梁五與東關嬖五姓梁名五在閨闥之外者東關

嬖五別在關塞者亦名五皆大夫爲獻公所嬖幸視聽外事使言於公曰曲沃君

之宗也曲沃桓叔所封先君宗廟所在蒲與二屈君之疆也蒲今平陽蒲子

縣二屈今平陽北屈縣或云二當爲北○〔屈〕求勿反又居勿反不可以無主宗邑無

主則民不威疆埸無主則啓戎心戎之生心民慢其

政國之患也若使大子主曲沃而重耳夷吾主蒲與

屈則可以威民而懼戎且旌君伐旌章也伐功也使俱曰狄

之廣莫於晉爲都晉之啓土不亦宜乎廣莫狄地之曠絶也卽謂

蒲子北屈也言遣二公子出都之則晉方當大開土界獻公未決故復使二五俱說此美晉侯說

之夏使大子居曲沃重耳居蒲城夷吾居屈羣公子皆鄙鄙邊邑〔說〕音悅○唯二姬之子在絳二五卒與驪姬譖羣公子而立奚齊晉人謂之二五耦二耜相耦廣一尺共起一伐言二人俱共墾傷晉室若此○〔譖〕責鴆反〔耜〕音似〔廣〕古曠反楚令尹子元欲蠱文夫人文王夫人息嬀也子元文王弟蠱惑以淫事爲館於其宮側而振萬焉振動也萬舞也夫人聞之泣曰先君以是舞也習戎備也今令尹不尋諸仇讎而於未亡人之側不亦異乎尋用也婦人既寡自稱未亡人御人以告子元御人夫人之侍人子元曰婦人不忘襲讎我反忘之秋子元以車六百乘伐鄭入于桔柣之門桔柣鄭遠郊之門也○〔乘〕繩證反〔桔〕戶結反〔柣〕待結反子元鬭御彊鬭

梧。耿之不比。爲旆。子元自與三子特建旆以居前。廣充幅長尋曰旐。繼旐曰旆。○〔御〕魚呂反。〔彊〕其良反。又居良反。〔比〕并里反。鬬班王孫游王孫喜殿。三子在後爲反禦。○〔殿〕丁見反。衆車入自純門及逵市。純門鄭外郭門也。逵市郭內道上市。縣門不發。楚言而出。子元曰鄭有人焉。縣門施於內城門。鄭示楚以閒暇。故門不閉城門出兵而效楚言。故子元畏之不敢進。○〔縣〕音懸。諸侯救鄭。楚師夜遁。鄭人將奔桐丘。許昌縣東北有桐丘城。諜告曰楚幕有烏乃止。諜閒也。幕帳也。冬。饑。臧孫辰告糴于齊。禮也。經書大無麥禾。傳言饑。又先書饑在築郿上者。說始糴。經在下。須得糴。嫌或諱饑。故曰禮。築郿。非都也。凡邑有宗廟先君之主曰都。無曰邑。邑曰築。都曰城。周禮四縣爲都。四井爲邑。然宗廟所在。則雖邑曰都。尊之也。言凡邑。則他築非例。

經二十有九年春新延廄傳例曰書不時言新者皆舊物不可用更造之辭○
〔廄〕居又反夏鄭人侵許傳例曰無鐘鼓曰侵秋有蜚傳例曰爲災○〔蜚〕扶味反冬
十有二月紀叔姬卒無傳紀國雖滅叔姬執節守義故繫之紀賢而錄之城諸
及防諸防皆魯邑傳例曰書時也諸非備難而興作傳皆重云時以釋之他皆放此諸今城陽諸縣
傳二十九年春新作延廄書不時也經無作字蓋闕凡馬日
中而出日中而入日中春秋分也治廄當以秋分因馬向入而脩之今以春作故曰不
時○〔向〕許亮反夏鄭人侵許凡師有鐘鼓曰伐聲其罪無曰侵
鐘鼓無聲輕曰襲掩其不備○〔輕〕遣政反秋有蜚爲災也凡物不爲
災不書冬十二月城諸及防書時也凡土功龍見而
畢務戒事也謂今九月周十一月龍星角亢晨見東方三務始畢戒民以土功事○〔見〕賢遍

反。〔亢〕苦浪反。又音剛。火見而致用。大火，心星，次角亢見者，致築作之物。水昏正而栽。謂今十月，定星昏而中，於是樹板幹而興作。○〔栽〕才代反。一音再。說文云：築牆長板。〔定〕多佞反。日至而畢。日南至，微陽始動，故土功息。樊皮叛王。樊皮，周大夫。樊，其采地；皮，名。

經三十年春王正月。夏，次于成。無傳。將卑師少，故直言次。齊將降鄣，故設備。○〔將〕子匠反。〔降〕戶江反。秋七月，齊人降鄣。無傳。鄣，紀附庸國。東平無鹽縣東北有鄣城。小國孤危，不能自固，蓋齊遙以兵威脅使降附。八月癸亥，葬紀叔姬。無傳。以賢錄也。無臣子，故不作謚。九月庚午朔，日有食之，鼓用牲于社。無傳。冬，公及齊侯遇于魯濟。濟水歷齊魯界，在齊界為齊濟，在魯界為魯濟，蓋魯地。○〔濟〕子禮反。齊人伐山戎。山戎，北狄。

傳三十年春，王命虢公討樊皮。夏四月丙辰，虢公入樊。執樊仲皮歸于京師。楚公子元歸自伐鄭而處王宮。欲遂蠱文夫人。鬭射師諫則執而梏之。射師。鬭廉也。足曰桎。手曰梏。○[射]食亦反。[梏]古毒反。秋申公鬭班殺子元。申。楚縣。楚僭號。縣尹皆稱公。鬭穀於菟爲令尹自毁其家以紓楚國之難。鬭穀於菟。令尹子文也。毁。減。紓。緩也。○[穀]奴走反。楚人謂乳曰穀。[於]音烏。[菟]音徒。[紓]音舒。[難]乃旦反。冬遇于魯濟。謀山戎也。以其病燕故也。齊桓行霸。故欲爲燕謀難。燕國。今薊縣。○[薊]音計。

經三十有一年春築臺于郎。無傳。刺奢且非土功之時。夏四月薛伯卒。無傳。未同盟。築臺于薛。無傳。薛。魯地。六月齊侯來獻戎捷。傳例曰。諸侯不相遺俘。捷。獲也。獻。奉上之辭。齊侯以獻捷禮來。故書以示過。秋築臺于秦。無傳。東平范縣西北有秦亭。冬不雨。無傳。不書旱。不爲災。例在僖三年。

傳。三十一年夏六月齊侯來獻戎捷非禮也凡諸侯有四夷之功則獻于王王以警于夷以警懼夷狄。中國則否諸侯不相遺俘雖夷狄俘猶不以相遺。

經。三十有二年春城小穀。小穀齊邑。濟北穀城縣城中有管仲井。大都以名通者。則不繫國。夏宋公齊侯遇于梁丘。齊善宋之請見。故進其班。梁丘在高平昌邑縣西南。秋七月癸巳公子牙卒。牙。慶父同母弟僖叔也。飲酖而死。不以罪告。故得書卒。書日者。公有疾。不責公不與小斂。○〔酖〕音鴆。八月癸亥公薨于路寢。路寢。正寢也。公薨皆書其所。詳凶變。冬十月己未子般卒。子般。莊公大子。先君未葬。故不稱爵。不書殺。諱之也。○〔般〕音班〔殺〕音弑。一音如字。公子慶父如齊。無傳。慶父既弑子般。季友出奔。國人不與。故懼而適齊。欲以求援。時無君。假赴告之禮而行。狄伐邢。無傳。邢國在廣平襄國縣。

傳三十二年春城小穀爲管仲也公感齊桓之德故爲管仲城私邑。○[爲]于僞反下同。齊侯爲楚伐鄭之故請會于諸侯楚伐鄭在二十八年。謀爲鄭報楚。宋公請先見于齊侯夏遇于梁丘○[見]音現。又如字。

秋七月有神降于莘有神聲以接人。莘虢地。○[莘]所巾反。惠王問諸內史過曰是何故也內史過周大夫。○[過]古禾反。對曰國之將興明神降之監其德也將亡神又降之觀其惡也故有得神以興亦有以亡虞夏商周皆有之亦有神異。王曰若之何對曰以其物享焉其至之日亦其物也享祭也。若以甲乙日至。祭先脾。玉用蒼。服上青。以此類祭之。王從之內史過往聞虢請命聞虢請於神求賜土田之命反曰虢必亡矣虐而聽於神神居莘六月虢公使祝應宗區史嚚享焉神賜之土田祝大祝宗宗人史大史應區嚚皆名○[區]音驅[嚚]五巾反史嚚曰虢其亡乎吾聞之國將興聽於民政順民心將亡聽於神求福於神神聰明正直而壹者也依人而行唯德是與虢多涼德其何土之能得涼薄也爲僖二年晉滅下陽傳

初公築臺臨黨氏黨氏魯大夫築臺不書不告廟○[黨]音掌見孟任從之閟孟任黨氏女閟不從公○[閟]音祕而以夫人言許之許以爲夫人割臂盟公生子般焉雩講于梁氏女公子觀之雩祭天也講肄也梁氏魯大夫女公子子般妹○[肄]音四又以二反圉人犖自牆外與之戲圉人掌養馬者以慢言戲之○[犖]音洛子般怒使鞭之公曰不如

殺之是不可鞭犖有力焉能投蓋于稷門蓋覆也稷門魯南城
門走而自投接其屋之桷反覆門上公疾問後於叔牙對曰慶父材蓋欲
進其同母兄問於季友對曰臣以死奉般季友莊公母弟故欲立般公
曰鄉者牙曰慶父材成季使以君命命僖叔待于鍼
巫氏成季季友也鍼巫氏魯大夫○[鄉]許亮反[鍼]其廉反使鍼季酖之酖鳥名其羽有
毒以畫酒飲之則死曰飲此則有後於魯國不然死且無後飲
之歸及逵泉而卒立叔孫氏逵泉魯地不以罪誅故得立後世其祿八
月癸亥公薨于路寢子般卽位次于黨氏卽喪位次舍也冬
十月己未共仲使圉人犖賊子般于黨氏共仲慶父○[共]音恭
成季奔陳出奔不書國亂史失之立閔公閔公莊公庶子於是年八歲

春秋經傳集解莊公第三

春秋經傳集解閔公第四

閔公名啓方莊公之子母叔姜史記云名開諡法在國遭難曰閔

杜氏註　盡二年

經元年春王正月齊人救邢夏六月辛酉葬我君莊公秋八月公及齊侯盟于落姑落姑齊地季子來歸季子公子友之字季子忠於社稷爲國人所思故賢而字之齊侯許納故曰歸冬齊仲孫來仲孫齊大夫以事出疆因來省難非齊侯命故不稱使也還使齊侯務寧魯亂故嘉而字之來者事實省難其志也故經但書仲孫之來而傳尋仲孫之志

傳元年春不書即位亂故也國亂不得成禮狄人伐邢狄伐邢在往年冬管敬仲言於齊侯曰戎狄豺狼不可厭也敬仲管夷

吾。○〔豺〕士皆反。〔厭〕一鹽反。諸夏親暱，不可弃也。諸夏中國也。暱近也。宴安酖毒，不可懷也。以宴安比之酖毒。詩云：豈不懷歸，畏此簡書。詩小雅也。文王為西伯，勞來諸侯之詩。簡書同惡相恤之謂也。同恤所惡。請救邢以從簡書。齊人救邢。夏六月，葬莊公，亂故，是以緩。十一月乃葬。秋八月，公及齊侯盟于落姑，請復季友也。閔公初立，國家多難，以季子忠賢，故請霸主而復之。齊侯許之，使召諸陳，公次于郎以待之。非師旅之事，故不書次。季子來歸，嘉之也。冬，齊仲孫湫來省難。湫，仲孫名。〔湫〕子小反。○書曰仲孫，亦嘉之也。仲孫歸曰：不去慶父，魯難未已。時慶父亦還魯。〔去〕起呂反，下同。○公曰：若之何而去之？對曰：難不已，將自斃。斃，踣也。君其待之。公曰

魯可取乎對曰不可猶秉周禮周禮所以本也臣聞
之國將亡本必先顛而後枝葉從之魯不弃周禮未
可動也君其務寧魯難而親之親有禮因重固能重能固
則當就成之閒攜貳離而相疑者則當因而閒之覆昏亂覆敗也霸王之
器也霸王所用故以器爲喻○[王]于況反晉侯作二軍晉本一軍見莊十六年公
將上軍大子申生將下軍趙夙御戎畢萬爲右爲公御右
也夙趙衰兄畢萬魏犫祖父○[將]子匠反[衰]初危反[犫]尺由反以滅耿滅霍滅魏平陽
皮氏縣東南有耿鄉永安縣東北有霍大山三國皆姬姓還爲太子城曲沃賜趙
夙耿賜畢萬魏以爲大夫士蔿曰大子不得立矣分
之都城而位以卿先爲之極又焉得立位以卿謂將下軍不

如逃之無使罪至爲吳大伯不亦可乎大伯周大王之適子知其
父欲立季歷故讓位而適吳猶有令名與其及也言雖去猶有令名勝於留而及
禍且諺曰心苟無瑕何恤乎無家天若祚大子其無
晉乎爲晉殺申生傳卜偃曰畢萬之後必大卜偃晉掌卜大夫萬盈
數也魏大名也以是始賞天啓之矣天子曰兆民諸
侯曰萬民今名之大以從盈數其必有衆以魏從萬有衆象
初畢萬筮仕於晉遇屯䷂震下坎上屯之比䷇坤下坎上
比屯初九變而爲比辛廖占之曰吉辛廖晉大夫○〔廖〕力彫反屯固比入吉
孰大焉其必蕃昌屯險難所以爲堅固比親密所以得入震爲土震變爲坤
車從馬震爲車坤爲馬足居之震爲足兄長之震爲長男〔長〕丁丈反○母

覆之坤為母衆歸之坤為衆六體不易初一爻變有此六義不可易也合而能固安而能殺公侯之卦也此合屯固坤安震殺故曰公侯之卦公侯之子孫必復其始畢萬公高之後傳為魏之子孫衆多張本

經二年春王正月齊人遷陽無傳陽國名蓋齊人偪徙之夏五月乙酉吉禘于莊公三年喪畢致新死者之主於廟廟之遠主當遷入祧因是大祭以審昭穆謂之禘莊公喪制未闋時別立廟廟成而吉祭又不於大廟故詳書以示譏○〔祧〕他彫反〔昭〕上饒反〔闋〕苦穴反秋八月辛丑公薨實弒書薨又不地者皆史策諱之九月夫人姜氏孫于邾哀姜外淫故孫稱姜氏○〔孫〕音遜公子慶父出奔莒弒閔公故冬齊高子來盟無傳蓋高傒也齊侯使來平魯亂僖公新立因遂結盟故不稱使也魯人貴之故不書名子男子之美稱○美〔稱〕尺證反十有二月狄入衛書入不能有其

地。例在襄十三年。鄭棄其師。高克見惡。久不得還。師潰而克奔陳。故克狀其事。以告魯也。

傳。二年。春。虢公敗犬戎于渭汭。犬戎。西戎別在中國者。渭水出隴西。東入河。水之隈曲曰汭。○〔汭〕如銳反。〔隈〕烏回反。舟之僑曰。無德而祿。殃也。殃將至矣。遂奔晉。舟之僑。虢大夫。夏。吉禘于莊公。速也。初。公傅奪卜齮田。公不禁。卜齮。魯大夫也。公即位年八歲。知愛其傅。而遂成其意。以奪齮田。齮忿其傅。并及公。故慶父因之。○〔齮〕魚綺反。秋。八月。辛丑。共仲使卜齮賊公于武闈。宮中小門謂之闈。○〔共〕音恭。成季以僖公適邾。僖公。閔公庶兄。成風之子。共仲奔莒。乃入立之。以賂求共仲于莒。莒人歸之。及密。使公子魚請。密。魯地。琅邪費縣北有密如亭。公子魚。奚斯也。不許。哭而往。共仲曰。奚斯之聲也。乃縊。慶父之罪雖重。季子推親親之恩。欲同之叔牙。存孟

（氏之族故略其罪不書殺又不書卒）閔公哀姜之娣叔姜之子也故齊人立之共仲通於哀姜哀姜欲立之閔公之死也哀姜與知之故孫于邾齊人取而殺之于夷以其尸歸（爲僖元年齊人殺哀姜傳夷魯地○〔與〕音預〔孫〕音遜）僖公請而葬之（哀姜之罪已重而僖公請其喪還者外欲固齊以居厚內存母子不絕之義爲國家之大計）成季之將生也桓公使卜楚丘之父卜之（卜楚丘魯掌卜大夫）曰男也其名曰友在公之右（在右言用事）閒于兩社爲公室輔（兩社周社亳社兩社之閒朝廷執政所在）季氏亡則魯不昌又筮之遇大有☲☰（乾下離上大有）之乾☰☰（乾下乾上乾大有六五變而爲乾）曰同復于父敬如君所（筮者之辭也乾爲君父離變爲乾故曰同復于父見敬與君同）及生有文在其

手曰友遂以命之遂以爲名冬十二月狄人伐衛衛懿公

好鶴鶴有乘軒者軒大夫車○〔好〕呼報反〔軒〕許言反將戰國人受甲

者皆曰使鶴鶴實有祿位余焉能戰公與石祁子玦

與甯莊子矢使守莊子甯速也玦玉玦○〔玦〕古穴反〔守〕手又反曰以此贊

國擇利而爲之贊助也玦示以當決斷矢示以禦難與夫人繡衣曰聽

於二子取其文章順序渠孔御戎子伯爲右黄夷前驅孔嬰

齊殿傳言衛侯失民有素雖臨事而戒猶無所及○〔殿〕丁練反及狄人戰于熒澤

衛師敗績遂滅衛此熒澤當在河北君死國散經不書滅者狄不能赴衛之君臣皆盡

無復文告齊桓爲之告諸侯言狄已去言衛之存故但以入爲文○〔熒〕戸扃反衛侯不去其

旗是以甚敗狄人囚史華龍滑與禮孔以逐衛人二

人曰我大史也實掌其祭不先國不可得也夷狄畏鬼故恐言當先白神○[去]起呂反[華]胡化反乃先之至則告守曰不可待也守石甯二大夫夜與國人出狄入衛遂從之又敗諸河衛將東走渡河狄復逐而敗之初惠公之卽位也少蓋年十五六齊人使昭伯烝於宣姜不可强之昭伯惠公庶兄宣公子頑也昭伯不可生齊子戴公文公宋桓夫人許穆夫人文公爲衛之多患也先適齊及敗宋桓公逆諸河迎衛敗衆宵濟夜渡長狄衛之遺民男女七百有三十人益之以共滕之民爲五千人共及滕衛別邑○[共]音恭立戴公以廬于曹廬舍也曹衛下邑戴公名申立其年卒而立文公許穆夫人賦載馳載馳詩衛風也許穆夫人痛衛之亡思歸唁之不可故作詩以言志

齊侯使公子無虧帥車三百乘甲士三千人以戍曹無虧齊桓公子武孟也車甲之賦異於常故傳別見之歸公乘馬祭服五稱牛羊豕雞狗皆三百與門材歸遺也四馬曰乘衣單複具曰稱門材使先立門戶〇稱尺證反歸夫人魚軒魚軒夫人車以魚皮爲飾重錦三十兩重錦錦之熟細者以二丈雙行故曰兩三十兩三十匹也鄭人惡高克使帥師次于河上久而弗召師潰而歸高克奔陳高克鄭大夫也好利而不顧其君文公惡之而不能遠故使帥師而不召鄭人爲之賦清人清人詩鄭風也刺文公退臣不以道危國亡師之本晉侯使大子申生伐東山皐落氏赤狄別種也皐落其氏族里克諫曰大子奉冢祀社稷之粢盛里克晉大夫冢大也以朝夕視君膳者也膳廚膳故曰冢子君行則守有守

則從。從曰撫軍守曰監國古之制也夫帥師專行謀帥師者必專謀軍事。○(守)手又反。下同。(從)才用反。(監)古銜反。誓軍旅宣號令也。君與國政之所圖也非大子之事也國政。正卿。師在制命而已命將軍所制。稟命則不威專命則不孝故君之嗣適不可以帥師。君失其官帥師不威將焉用之大子統帥。是失其官也。專命則不孝。是爲帥必不威也。且臣聞皐落氏將戰君其舍之公曰寡人有子未知其誰立焉不對而退見大子大子曰吾其廢乎對曰告之以臨民謂居曲沃。教之以軍旅謂將下軍。不共是懼何故廢乎且子懼不孝無懼弗得立脩己而不責人則免於難大子帥師公衣之偏衣偏衣。左右異色。其半似公服。○〔衣〕之偏。於既反。下衣身之偏。衣之純。衣之尨服同。佩之金玦以金爲玦。狐突御戎先友爲右狐突。伯行。重耳外祖父也。爲申生御。申生以大子將上軍。梁餘子養御罕夷先丹木爲右罕夷。晉下軍卿也。梁餘子養爲罕夷御。羊舌大夫爲尉羊舌大夫。叔向祖父也。尉。軍尉。○〔向〕許丈反。先友曰衣身之偏偏。半也。握兵之要謂佩金玦。將上軍。在此行也子其勉之偏躬無慝分身衣之半。非惡意也。兵要遠災威權在己。可以遠害。○〔遠〕去聲。下同。親以無災又何患焉狐突歎曰時事之徵也歎以先友爲不知君心。衣身之章也章貴賤。佩衷之旗也旗。表也。所以表明其中心。○〔衷〕音忠。故敬其事則命以始賞以春夏。服其身則衣之純必以純色爲服。用其衷則佩之度衷。中也。佩玉者。士君子常度。今命以時卒閟其事也冬十二月。陽盡之時。衣之尨服。遠其躬也。尨。雜色。佩以金玦。棄其衷也。服以遠之。時以閟之。尨涼冬殺。金寒玦離。胡可恃也。寒涼殺離。言無溫潤。玦如環而缺不連。雖欲勉之。狄可盡乎。梁餘子養曰。帥師者受命於廟。受脤於社。脤。宜社之肉。盛以脤器。○〔脤〕市軫反。有常服矣。不獲而尨。命可知也。韋弁服。軍之常也。尨。偏衣。死而不孝。不如逃之。罕夷曰。尨奇無常。雜色奇怪。非常之服。金玦不復。雖復何爲。君有心矣。有害大子之心。先丹木曰。是服也。狂夫阻之。阻。疑也。言雖狂夫。猶知有疑。曰盡敵而反。曰。公辭。○〔盡〕子忍反。下盡敵同。敵可盡乎。雖盡敵。猶有內讒。不如違之。違。去也。狐突欲行。行。亦去也。羊舌大夫曰。不可。違命不孝。棄事不忠。雖知其寒惡不可取子其死之（寒薄也）大子將戰狐突諫曰不可昔辛伯諗周桓公（諗告也事在桓十八年○〔諗〕音審說文云深諫）云內寵竝后外寵二政嬖子配適大都耦國亂之本也周公弗從故及於難今亂本成矣（驪姬爲內寵二五爲外寵奚齊爲嬖子曲沃爲大都故曰亂本成矣）立可必乎孝而安民子其圖之（奉身爲孝不戰爲安民）與其危身以速罪也（有功益見害故言孰與危身以召罪）成風聞成季之繇乃事之（成風莊公之妾僖公之母也繇卦兆之占辭○〔繇〕直救反）而屬僖公焉故成季立之僖之元年齊桓公遷邢于夷儀二年封衛于楚丘邢遷如歸衛國忘亡（忘其滅亡之困）衛文公大布之衣大帛之冠（大布麤布大帛厚繒蓋用諸侯諒闇之服○〔諒〕音良又音

亮。務材訓農。通商惠工。加惠於百工。賞其利器用。敬教勸學。授方任能。方。百事之宜也。元年革車三十乘。季年乃三百乘。衞文公以此年冬立。齊桓公始平魯亂。故傳因言齊之所以霸。衞之所由興。革車。兵車。季年。在僖二十五年。蓋招懷迸散。故能致十倍之衆。○（乘）繩證反。（迸）檗諍反。

春秋經傳集解閔公第四

春秋經傳集解僖公上第五

僖公名申莊公之子閔公之兄母成風諡法小心畏忌曰僖

杜氏註　盡十五年

經元年春王正月齊師宋師曹伯次于聶北救邢齊師諸侯之師救邢次于聶北者案兵觀釁以待事也次例在莊三年聶北邢地○〔聶〕女輒反夏六月邢遷于夷儀邢遷如歸故以自遷爲辭夷儀邢地齊師宋師曹師城邢傳例曰救患分災禮也一事而再列三國於文不可言諸侯師故秋七月戊辰夫人姜氏薨于夷齊人以歸傳在閔二年不言齊人殺諱之書地者明在外薨楚人伐鄭荊始改號曰楚八月公會齊侯宋公鄭伯曹伯邾人于檉檉宋地陳國陳縣西北有檉城公及其會而不書盟還不以盟告○〔檉〕勑呈反九月公

敗邾師于偃。偃，邾地。冬十月壬午。公子友帥師敗莒師于酈。獲莒挐。酈，魯地。挐，莒子之弟。不書弟者，非卿。非卿則不應書。嘉季友之功，故特書其所獲。大夫生死皆曰獲。獲例在昭二十三年。○酈，力知反。挐，女居反。又女加反。十有二月丁巳。夫人氏之喪至自齊。僖公請而葬之，故告於廟而書喪至也。齊侯既殺哀姜，以其尸歸。絕之於魯。僖公請其喪而還。不稱姜，闕文。

傳元年春。不稱即位。公出故也。國亂身出復入，故即位之禮有闕。公出復入不書。諱之也。諱國惡。禮也。掩惡揚善，義存君親，故通有諱例。皆當時臣子率意而隱，故無深淺常準。聖賢從之以通人理，有時而聽之可也。諸侯救邢。實大夫而曰諸侯，揔衆國之辭。邢人潰。出奔師。奔聶北之師也。邢潰不書，不告也。師遂逐狄人。具邢器用而遷之。師無私焉。皆撰具還之，無所私取。○撰，仕轉反。夏，邢遷于夷儀，諸侯城之，救患也。凡侯伯救患分災討罪，禮也。侯伯，州長也。分，穀帛。○〔分〕甫問反，又如字。秋，楚人伐鄭，鄭卽齊故也。盟于犖，謀救鄭也。犖，卽檉也，地有二名。○〔犖〕音洛。九月，公敗邾師于偃，虛丘之戍將歸者也。虛丘，邾地。邾人既送哀姜還，齊人殺之，因戍虛丘，欲以侵魯。公以義求齊，齊送姜氏之喪，邾人懼，乃歸，故公要而敗之。○〔虛〕起居反。〔要〕於遙反。冬，莒人來求賂。求還慶父之賂。公子友敗諸酈，獲莒子之弟挐。非卿也，嘉獲之也。莒既不能爲魯討慶父，受魯之賂，而又重來，其求無厭，故嘉季友之獲而書之。○〔重〕直用反。公賜季友汶陽之田及費。汶陽田，汶水北地。汶水出泰山萊蕪縣西，入濟。○〔費〕音祕。夫人氏之喪至自齊。君子以齊人之殺哀姜也爲已甚矣，女子從人者也。言女子有三從之義，在夫家有

弒非父母家所宜討也

經二年春王正月城楚丘楚丘衛邑不言城衛衛未遷夏五月辛巳葬我小君哀姜無傳反哭成喪故稱小君例在定十五年虞師晉師滅下陽下陽虢邑在河東大陽縣晉於此始赴見經滅例在襄十三年○〔大〕音泰一如字秋九月齊侯宋公江人黃人盟于貫貫宋地梁國蒙縣西北有貫城貫與貰字相似江國在汝南安陽縣○〔貰〕市夜反又音世冬十月不雨傳在三年楚人侵鄭

傳二年春諸侯城楚丘而封衛焉君死國滅故傳言封不書所會後也諸侯既罷而魯後至諱不及期故以獨城為文晉荀息請以屈產之乘與垂棘之璧假道於虞以伐虢荀息荀叔也屈地生良馬垂棘出美玉故以為名四馬曰乘自晉適虢途出於虞故借道○〔屈〕求勿反又居勿反〔乘〕繩證反公曰是

吾寶也對曰若得道於虞猶外府也公曰宮之奇存焉（宮之奇虞忠臣）對曰宮之奇之爲人也懦而不能强諫（懦弱也○〔懦〕乃亂反又乃貨反〔强〕其良反又其丈反）且少長於君君暱之雖諫將不聽（親而狎之必輕其言○〔少〕詩照反〔長〕丁丈反〔暱〕女乙反）乃使荀息假道於虞曰冀爲不道入自顛軨伐鄍三門（前是冀伐虞至鄍鄍虞邑河東大陽縣東北有顛軨坂○〔軨〕音零〔坂〕音反）冀之既病則亦唯君故（言虞報伐冀使病將欲假道故稱虞彊以說其心冀國名平陽皮氏縣東北有冀亭）今虢爲不道保於逆旅（逆旅客舍也虢稍遣人分依客舍以聚衆抄晉邊邑○〔抄〕初教反又楚稍反强取物）以侵敝邑之南鄙敢請假道以請罪于虢（問虢伐己以何罪）虞公許之且請先伐虢（喜於厚賂而欲求媚）宮之奇諫不聽遂起師

夏晉里克荀息帥師會虞師伐虢滅下陽晉猶主兵不信虞先書虞賄故也虞非倡兵之首而先書之惡貪賄也秋盟于貫服江黃也江黃楚與國也始來服齊故爲合諸侯齊寺人貂始漏師于多魚寺人內奄官豎貂也多魚地名闕齊桓多嬖寵內則如夫人者六人外則幸豎貂易牙之等終以此亂國傳言貂於此始擅貴寵漏洩桓公軍事爲齊亂張本○〔寺〕如字又音侍虢公敗戎于桑田桑田虢地在弘農陝縣東北晉卜偃曰虢必亡矣亡下陽不懼而又有功是天奪之鑒鑒所以自照而益其疾也驕則生疾必易晉而不撫其民矣不可以五稔稔熟也爲下五年晉滅虢張本○〔易〕以豉反冬楚人伐鄭鬭章囚鄭聃伯經書侵傳言伐本以伐輿權行侵掠爲後年楚伐鄭鄭伯欲成張本○〔聃〕乃甘反〔掠〕音亮

經三年春王正月不雨夏四月不雨一時不雨則書首月傳例曰不曰旱不爲災徐人取舒無傳徐國在下邳僮縣東南舒國今廬江舒縣勝國而不用大師亦曰取例在襄十三年六月雨示旱不竟夏秋齊侯宋公江人黃人會于陽穀陽穀齊地在東平須昌縣北冬公子友如齊涖盟涖臨也○〔涖〕音利又音類楚人伐鄭

傳三年春不雨夏六月雨自十月不雨至于五月不曰旱不爲災也周六月夏四月於播種五稼無損秋會于陽穀謀伐楚也二年楚侵鄭故齊侯爲陽穀之會來尋盟冬公子友如齊涖盟公時不會陽穀故齊侯自陽穀遣人詣魯求尋盟魯使上卿詣齊受盟謙也楚人伐鄭鄭伯欲成孔叔不可曰齊方勤我孔叔鄭大夫勤恤鄭難

弃德不祥。祥善也齊侯與蔡姬乘舟于囿蕩公蔡姬齊侯夫人
蕩搖也囿苑也蓋魚池在苑中公懼變色禁之不可公怒歸之未絕
之也蔡人嫁之為明年齊侵蔡傳
經四年春王正月公會齊侯宋公陳侯衛侯鄭伯許
男曹伯侵蔡蔡潰民逃其上曰潰例在文三年遂伐楚次于陘遂兩
事之辭楚強齊欲綏之以德故不速進而次陘陘楚地潁川召陵縣南有陘亭○陘音刑夏許男
新臣卒未同盟而赴以名楚屈完來盟于師盟于召陵屈完楚大
夫也楚子遣完如師以觀齊屈完覩齊之盛因而求盟故不稱使以完來盟為文齊桓退舍以禮楚故盟
召陵召陵潁川縣也齊人執陳轅濤塗轅濤塗陳大夫秋及江人黃人
伐陳受齊命討陳之罪而以與謀為文者時齊不行使魯為主與謀例在宣七年八月公

至自伐楚。無傳。告于廟。葬許穆公。冬十有二月。公孫茲帥師會齊人宋人衛人鄭人許人曹人侵陳。公孫茲。叔牙子。叔孫戴伯。

傳四年春。齊侯以諸侯之師侵蔡。蔡潰。遂伐楚。楚子使與師言曰。君處北海。寡人處南海。唯是風馬牛不相及也。楚界猶未至南海。因齊處北海。遂稱所近。牛馬風逸。蓋末界之微事。故以取喻。不虞君之涉吾地也。何故。管仲對曰。昔召康公命我先君大公曰。召康公。周大保召公奭也。五侯九伯。女實征之。以夾輔周室。五等諸侯。九州之伯。皆得征討其罪。齊桓因此命以夸楚。○女音汝。賜我先君履東至于海。西至于河。南至于穆陵。北至于無棣。穆陵。無棣。皆齊竟也。履。所踐履之界。齊桓又因以自言其盛。○〔棣〕大計反。爾貢包茅不入王祭不共。無以縮酒。寡人是徵。包。裹束也。茅。菁茅也。束茅而灌之以酒爲縮酒。尚書包匭菁茅。茅之爲異未審。○〔共〕音恭。昭王南征而不復。寡人是問。昭王。成王之孫。南巡守涉漢。船壞而溺。周人諱而不赴。諸侯不知其故。故問之。對曰。貢之不入。寡君之罪也。敢不共給。昭王之不復。君其問諸水濱。昭王時漢非楚竟。故不受罪。師進次于陘。楚不服罪。故復進師。夏。楚子使屈完如師。如陘之師。觀強弱。師退次于召陵。完請盟故。齊侯陳諸侯之師。與屈完乘而觀之。乘。共載。○〔乘〕繩證反。齊侯曰。豈不穀是爲。先君之好是繼。與不穀同好如何。言諸侯之附從。非爲己。乃尋先君之好。謙而自廣。因求與楚同好。孤寡不穀。諸侯謙稱。○〔爲〕于僞反。〔稱〕尺證反。對曰。君惠徼福於敝邑之社稷辱收寡君寡君之願也齊侯曰以此衆戰誰能禦之以此攻城何城不克對曰君若以德綏諸侯誰敢不服君若以力楚國方城以爲城漢水以爲池（方城山在南陽葉縣南以言竟土之遠漢水出武都至江夏南入江言其險固以當城池○〔徼〕古堯反要也〔葉〕始涉反〔當〕丁浪反）雖衆無所用之屈完及諸侯盟陳轅濤塗謂鄭申侯曰師出於陳鄭之閒國必甚病（申侯鄭大夫當有共給之費故）若出於東方觀兵於東夷循海而歸其可也（東夷郯莒徐夷也觀兵示威）申侯曰善濤塗以告齊侯許之（許出東方）申侯見曰師老矣若出於東方而遇敵懼不可用也若出於陳鄭之閒共其資糧屝屨其可也（屝草屨○

〔見〕賢遍反〔屝〕符費反齊侯說與之虎牢還以鄭邑賜之執轅濤塗秋伐陳討不忠也以濤塗為誤軍道許穆公卒于師葬之以侯禮也男而以侯禮加一等凡諸侯薨于朝會加一等諸侯命有三等公為上等侯伯中等子男為下等死王事加二等謂以死勤事於是有以袞斂袞衣公服也謂加二等○〔斂〕力驗反冬叔孫戴伯帥師會諸侯之師侵陳陳成歸轅濤塗陳服罪故歸其大夫戴諡也初晉獻公欲以驪姬為夫人卜之不吉筮之吉公曰從筮卜人曰筮短龜長不如從長物生而後有象象而後有滋滋而後有數龜象筮數故象長數短且其繇曰專之渝攘公之羭繇卜兆辭渝變也攘除也羭美也言變乃除公之美○〔繇〕直救反〔渝〕羊朱反下〔羭〕同音一薰一蕕十年尚猶有臭薰香草蕕臭草

十年有臭。言善易消。惡難除。必不可。弗聽。立之。生奚齊。其娣生卓子。及將立奚齊。既與中大夫成謀。姬謂大子曰。君夢齊姜。必速祭之。齊姜。大子母。言求食。○〔卓〕吐濁反。大子祭于曲沃。歸胙于公。胙。祭之酒肉。公田。姬寘諸宮六日。公至。毒而獻之。毒酒經宿輒敗。而經六日。明公之惑。公祭之地。地墳。與犬。犬斃。與小臣。小臣亦斃。姬泣曰。賊由大子。大子奔新城。新城。曲沃。○〔墳〕扶粉反。公殺其傅杜原款。或謂大子。子辭。君必辯焉。以六日之狀自理。○〔款〕苦管反。〔辯〕兵免反。大子曰。君非姬氏。居不安。食不飽。我辭。姬必有罪。君老矣。吾又不樂。吾自理則姬死。姬死則君必不樂。不樂爲由吾也。○〔樂〕音洛。曰。子其行乎。大子曰。君實不察其罪。被此名也以出人誰納我十二月戊申縊于新城姬遂譖二公子曰皆知之重耳奔蒲夷吾奔屈二子時在朝爲明年晉殺申生傳○〔被〕皮寄反又皮綺反〔縊〕一賜反〔譖〕側鴆反

經五年春晉侯殺其世子申生稱晉侯惡用讒書春從告杞伯姬來朝其子無傳伯姬來寧寧成風也朝其子者時子年在十歲左右因有諸侯子得行朝義而卒不成朝禮故繫於母而曰朝其子○〔杞〕伯姬來絕句來歸寧朝其子猶言其子朝夏公孫茲如牟叔孫戴伯娶於牟卿非君命不越竟故奉公命聘於牟因自爲逆公及齊侯宋公陳侯衛侯鄭伯許男曹伯會王世子于首止惠王大子鄭也不名而殊會尊之也首止衛地陳留襄邑縣東南有首鄉秋八月諸侯盟于首止閒無異事復稱諸侯者王世子不盟故也王之世子尊與王同齊桓行霸翼戴天子尊崇王室故殊

貴世子。鄭伯逃歸不盟。逃其師而歸也。逃例在文三年。楚人滅弦。弦子奔黃。弦國在弋陽軑縣東南。九月戊申朔，日有食之。無傳。冬，晉人執虞公。虞公貪璧馬之寶，距絕忠諫，稱人以執，同於無道於其民之例。例在成十五年。所以罪虞，且言易也。晉侯脩虞之祀而歸其職貢於王，故不以滅同姓爲譏。

傳五年春，王正月辛亥朔，日南至。周正月，今十一月。冬至之日，日南極。公既視朔，遂登觀臺以望，而書，禮也。視朔，親告朔也。觀臺，臺上構屋，可以遠觀者也。朔旦冬至，歷數之所始。治歷者因此則可以明其術數，審別陰陽，敘事訓民。魯君不能常脩此禮，故善公之得禮。○觀，古亂反。凡分、至、啓、閉，必書雲物，分，春秋分也。至，冬夏至也。啓，立春、立夏。閉，立秋、立冬。雲物，氣色災變也。傳重申周典，不言公者，日官掌其職。○重，直用反。爲備故也。素察妖祥，逆爲之備。晉侯使以殺大子申生之故來告。

釋經必須告乃書初晉侯使士蔿爲二公子築蒲與屈不愼寘薪焉不謹愼○爲于僞反夷吾訴之公使讓之譴讓之士蔿稽首而對曰臣聞之無喪而感憂必讎焉讎猶對也無戎而城讎必保焉保而守之寇讎之保又何愼焉守官廢命不敬固讎之保不忠失忠與敬何以事君詩云懷德惟寧宗子惟城詩大雅懷德以安則宗子之固若城君其脩德而固宗子何城如之言城不如固宗子三年將尋師焉焉用愼尋用也退而賦曰狐裘尨茸一國三公吾誰適從士蔿自作詩也尨茸亂貌公與二公子爲三言城不堅則爲公子所訴爲公所讓堅之則爲固讎不忠無以事君故不知所從○尨莫江反又音蒙適丁歷反及難公使寺人披伐蒲重耳曰君父之

命不校乃徇曰校者吾讎也踰垣而走披斬其袪遂出奔翟袪袂也○(難)乃旦反(袪)起魚反(翟)音狄夏公孫茲如牟娶焉因聘而娶故傳實其事會于首止會王大子鄭謀寧周也惠王以惠后故將廢大子鄭而立王子帶故齊桓帥諸侯會王大子以定其位陳轅宣仲怨鄭申侯之反己於召陵宣仲轅濤塗故勸之城其賜邑齊桓所賜虎牢曰美城之大名也子孫不忘吾助子請乃爲之請於諸侯而城之美樓櫓之備美設遂譖諸鄭伯曰美城其賜邑將以叛也申侯由是得罪爲七年鄭殺申侯傳秋諸侯盟王使周公召鄭伯曰吾撫女以從楚輔之以晉可以少安周公宰孔也王恨齊桓定大子之位故召鄭伯使叛齊也晉楚不服於齊故以鎭安鄭鄭伯喜於

王命而懼其不朝於齊也故逃歸不盟孔叔止之曰國君不可以輕輕則失親孔叔鄭大夫親黨援也○〔輕〕遣正反失親患必至病而乞盟所喪多矣君必悔之弗聽逃其師而歸○〔喪〕息浪反楚鬬穀於菟滅弦弦子奔黃於是江黃道柏方睦於齊皆弦姻也姻外親也道國在汝南安陽縣南柏國名汝南西平縣有柏亭弦子恃之而不事楚又不設備故亡晉侯復假道於虞以伐虢宮之奇諫曰虢虞之表也虢亡虞必從之晉不可啓寇不可翫翫習也一之謂甚其可再乎爲二年假晉道滅下陽諺所謂輔車相依脣亡齒寒者其虞虢之謂也輔頰輔車牙車○〔車〕天奢反公曰晉吾宗也豈害我哉對曰

大伯虞仲大王之昭也大伯不從是以不嗣大伯虞仲皆大王之子。不從父命。俱讓適吳。仲雍支子。別封西吳。虞公其後也。穆生昭。昭生穆。以世次計。故大伯虞仲於周爲昭。○(昭)上饒反。後昭穆放此。虢仲虢叔王季之穆也王季者大伯虞仲之母弟也。虢仲虢叔。王季之子。文王之母弟也。仲叔皆虢君字。爲文王卿士勳在王室藏於盟府盟府。司盟之官。將虢是滅何愛於虞且虞能親於桓莊乎其愛之也桓莊之族何罪而以爲戮不唯偪乎桓叔莊伯之族。晉獻公之從祖昆弟。獻公患其偪。盡殺之。事在莊二十五年。○(偪)彼力反。親以寵偪猶尚害之況以國乎公曰吾享祀豐絜神必據我據猶安也。對曰臣聞之鬼神非人實親惟德是依故周書曰皇天無親惟德是輔周書。逸書。又曰黍稷非馨明德惟馨。馨香之遠聞。○〔聞〕音問。又如字。又曰。民不易物。惟德繄物。黍稷牲玉。無德則不見饗。有德則見饗。言物一而異用。○〔繄〕烏兮反。如是則非德民不和。神不享矣。神所馮依。將在德矣。若晉取虞。而明德以薦馨香。神其吐之乎。弗聽。許晉使。宮之奇以其族行。行。去也。○〔馮〕皮冰反。曰。虞不臘矣。臘。歲終祭衆神之名。在此行也。晉不更舉矣。不更舉兵。八月甲午。晉侯圍上陽。上陽。虢國都。在弘農陝縣東南。問於卜偃曰。吾其濟乎。對曰。克之。公曰。何時。對曰。童謠云。丙之晨。龍尾伏辰。龍尾。尾星也。日月之會日辰。日在尾。故尾星伏不見。均服振振。取虢之旂。戎事上下同服。振振。盛貌。旂。軍之旌旗。鶉之賁賁。天策焞焞。火中成軍。虢公其奔。鶉。鶉火。星也。賁賁。鳥星之體也。天策。傅說星。時近日。

星微焞焞無光耀也言丙子平旦鶉火中軍事有成功也此已上皆童謠言也童齔之子未有念慮之感而會成嬉戲之言似若有馮者其言或中或否博覽之士能懼思之人兼而志之以爲鑒戒以爲將來之驗有益於世教○[賁]音奔[焞]他門反[齔]初問反 其九月十月之交乎 以星驗推之知九月十月之交謂夏之九月十月也交晦朔交會 丙子旦日在尾月在策 是夜日月合朔於尾月行疾故至旦而過在策 鶉火中必是時也冬十二月丙子朔晉滅虢虢公醜奔京師 不書不告也周十二月夏之十月 師還館于虞遂襲虞滅之執虞公及其大夫井伯以媵秦穆姬 秦穆姬晉獻公女送女曰媵以屈辱之 而脩虞祀且歸其職貢於王 虞所命祀 故書曰晉人執虞公罪虞且言易也

經六年春王正月夏公會齊侯宋公陳侯衛侯曹伯

伐鄭圍新城。新城鄭新密今滎陽密縣。秋楚人圍許。楚子不親圍以圍者告。
諸侯遂救許。皆伐鄭之諸侯故不復更敘。冬公至自伐鄭。無傳
傳六年春晉侯使賈華伐屈。夷吾不能守盟而行。賈華
晉大夫非不欲校力不能守言不如重耳之賢。將奔狄。郤芮曰後出同走罪
也。嫌與重耳同謀而相隨。○郤去逆反芮如銳反。不如之梁。梁近秦而幸焉。
乃之梁。以梁為秦所親幸秦既大國且穆姬在焉故欲因以求之。夏諸侯伐鄭以
其逃首止之盟故也。首止盟在五年。圍新密。鄭所以不時城
也。實新密而經言新城者鄭以非時興土功齊桓聲其罪以告諸侯。秋楚子圍許以
救鄭。諸侯救許。乃還。冬蔡穆侯將許僖公以見楚子
於武城。楚子退舍武城猶有忿志而諸侯各罷兵故蔡將許君歸楚。武城楚地在南陽宛縣北。○

〔宛〕於元反。許男面縛銜璧。大夫衰絰。士輿櫬。縛手於後。唯見其面。以璧爲贄。手縛故銜之。櫬。棺也。將受死。故衰絰。○〔衰〕七雷反。楚子問諸逢伯。逢伯。楚大夫。對曰。昔武王克殷。微子啓如是。微子啓。紂庶兄。宋之祖也。武王親釋其縛。受其璧而祓之。祓。除凶之禮。○〔祓〕芳弗反。焚其櫬。禮而命之。使復其所。楚子從之。

經七年。春。齊人伐鄭。夏。小邾子來朝。無傳。郳犂來始得王命而來朝也。郳之別封。故曰小邾。鄭殺其大夫申侯。申侯。鄭卿。專利而不厭。故稱名以殺。罪之也。例在文六年。〔厭〕於鹽反。傳同。○秋。七月。公會齊侯。宋公。陳世子款。鄭世子華。盟于甯毋。高平方與縣東有泥母亭。音如甯。○〔毋〕如字。又音無。〔與〕音預。〔泥〕乃麗反。曹伯班卒。無傳。五年同盟于首止。公子友如齊。無傳。罷盟而聘。謝不敏也。冬。葬曹昭公。無傳。

傳。七年。春。齊人伐鄭。孔叔言於鄭伯曰。諺有之曰。心則不競。何憚於病。競。彊也。憚。難也。○[難]乃旦反。既不能彊。又不能弱。所以斃也。國危矣。請下齊以救國。公曰。吾知其所由來矣。姑少待我。欲以申侯說。對曰。朝不及夕。何以待君。

夏。鄭殺申侯以說于齊。且用陳轅濤塗之譖也。濤塗譖在五年。初申侯。申出也。姊妹之子為出。有寵於楚文王。文王將死。與之璧。使行。曰。唯我知女。女專利而不厭。予取予求。不女疵瑕也。從我取。從我求。我不以女為罪釁。○[女]音汝。後之人將求多於女。謂嗣君也。求多。以禮義大望責之。女必不免。我死。女必速行。無適小國將不女容焉（政狹法峻）既葬出奔鄭又有寵於厲公子文聞其死也曰古人有言曰知臣莫若君弗可改也已秋盟于甯母謀鄭故也管仲言於齊侯曰臣聞之招攜以禮懷遠以德（攜離也）德禮不易無人不懷齊侯脩禮於諸侯諸侯官受方物（諸侯官司各於齊受其方所當貢天子之物）鄭伯使大子華聽命於會言於齊侯曰洩氏孔氏子人氏三族實違君命（三族鄭大夫○洩息列反）若君去之以爲成我以鄭爲內臣君亦無所不利焉（以鄭事齊如封內臣○去起呂反）齊侯將許之管仲曰君以禮與信屬諸侯而以姦終之無乃不可乎子父不奸之謂禮守命共時之

謂信守君命共時事〔奸〕音干〔共〕音恭〇違此二者姦莫大焉公曰諸

侯有討於鄭未捷今苟有釁從之不亦可乎子華犯父命是

其釁隙對曰君若綏之以德加之以訓辭而帥諸侯以

討鄭鄭將覆亡之不暇豈敢不懼若揔其罪人以臨

之揔將領也子華姦父之命即罪人鄭有辭矣何懼以大義為辭且夫合

諸侯以崇德也會而列姦何以示後嗣列姦用子華夫諸

侯之會其德刑禮義無國不記記姦之位位會位也子華為姦

人而列在會位將為諸侯所記君盟替矣替廢也作而不記非盛德也

君舉必書雖復齊史隱諱亦損盛德君其勿許鄭必受盟夫子華既為

大子而求介於大國以弱其國亦必不免介因也鄭有

叔詹堵叔師叔三良爲政未可閒也齊侯辭焉子華由是得罪於鄭冬鄭伯使請盟于齊以齊侯不聽子華故閏月惠王崩襄王惡大叔帶之難襄王惠王大子鄭也大叔帶襄王弟惠后之子也有寵於惠后惠后欲立之未及而卒懼不立不發喪而告難于齊爲八年盟洮傳○[洮]他刀反

經八年春王正月公會王人齊侯宋公衞侯許男曹伯陳世子款盟于洮王人與諸侯盟不譏者王室有難故洮曹地鄭伯乞盟新服未與會故不序列別言乞盟夏狄伐晉秋七月禘于大廟用致夫人禘三年大祭之名大廟周公廟致者致新死之主於廟而列之昭穆夫人淫而與殺不薨於寢於禮不應致故僖公疑其禮歷三禘今果行之嫌異常故書之○[殺]音試冬十有二月

丁未。天王崩。實以前年閏月崩。以今年十二月丁未告。

傳八年春。盟于洮。謀王室也。鄭伯乞盟。請服也。襄王定位而後發喪。王人會洮還。而後王位定。晉里克帥師。梁由靡御。虢射爲右。以敗狄于采桑。傳言前年事也。平陽北屈縣西南有采桑津。○〔射〕食亦反。梁由靡曰。狄無恥。從之必大克。不恥走。故可逐。里克曰。懼之而已。無速衆狄。恐怨深而羣黨來報。虢射曰。期年狄必至。示之弱矣。○〔期〕音基。夏。狄伐晉。報采桑之役也。復期月。明年之期言驗。秋。禘而致哀姜焉。非禮也。凡夫人不薨于寢。不殯于廟。不赴于同。不祔于姑。則弗致也。寢。小寢。同。同盟。將葬。又不以殯過廟。據經。哀姜薨葬之文。則爲殯廟。赴同。祔姑。今當以不薨于寢。不得致也。冬。王人來告喪。難故也。是以緩。有大叔帶之難。宋公疾。大子茲父固請曰。目夷長且仁。君其立之。茲父。襄公也。目夷。茲父庶兄子魚也。公命子魚。子魚辭曰。能以國讓。仁孰大焉。臣不及也。且又不順。立庶。不順禮。遂走而退。

經九年春王三月丁丑。宋公御說卒。四同盟。○(御)魚呂反。(說)音悅。

夏。公會宰周公齊侯宋子衛侯鄭伯許男曹伯于葵丘。周公。宰孔也。宰。官。周。采地。天子三公不字。宋子。襄公也。傳例曰。在喪。公侯曰子。陳留外黃縣東有葵丘。

秋七月乙酉。伯姬卒。無傳。公羊穀梁曰。未適人。故不稱國。已許嫁。則以成人之禮書。不復殤也。婦人許嫁而笄。猶丈夫之冠。

九月戊辰。諸侯盟于葵丘。夏會葵丘。文伯姬卒。文不相比。故重言諸侯。宰孔先歸。不與盟。

甲子。晉侯佹諸卒。未同盟而

赴以名甲子九月十一日戊辰十五日也書在盟後從赴○[僞]九委反冬晉里克殺其
君之子奚齊獻公未葬奚齊未成君故稱君之子奚齊受命繼位無罪故里克稱名
傳九年春宋桓公卒未葬而襄公會諸侯故曰子凡
在喪王曰小童公侯曰子在喪未葬也小童者童蒙幼末之稱予者繼父之辭
公侯位尊上連王者下絕伯子男周康王在喪稱予一人釗禮稱亦不言小童或所稱之辭名有所施此
謂王自稱之辭非諸下所得書故經無其事傳通取舊典之文以事相接○之[稱]去聲[釗]古堯反又音昭
夏會于葵丘尋盟且脩好禮也王使宰孔賜齊侯胙
胙祭肉尊之比二王後曰天子有事于文武有祭事也使孔賜伯舅
胙天子謂異姓諸侯曰伯舅齊侯將下拜孔曰且有後命天子使
孔曰以伯舅耋老加勞賜一級無下拜七十曰耋級等也○[耋]田

節反。一他結反。〔勞〕力報反。對曰。天威不違顏咫尺。言天鑒察不遠。威嚴常在顏面之前。八寸曰咫。小白余敢貪天子之命無下拜。小白。齊侯名。余。身也。恐隕越于下。隕越。顛墜也。據天王居上。故言恐顛墜于下。以遺天子羞。敢不下拜。下拜登受。拜堂下。受胙於堂上。○〔遺〕于季反。秋。齊侯盟諸侯于葵丘。曰凡我同盟之人。既盟之後。言歸于好。義取脩好。故傳顯其盟辭。宰孔先歸。既會。先諸侯去。○〔先〕悉薦反。遇晉侯曰。可無會也。晉侯欲求會葵丘。齊侯不務德而勤遠略。故北伐山戎。在莊三十一年。南伐楚。在四年。西爲此會也。東略之不知。西則否矣。言或向東。必不能復西略。其在亂乎。君務靖亂。無勤於行。在。存也。微戒獻公。言晉將有亂。晉侯乃還。不復會齊。九月。晉獻公卒。里克丕鄭欲納文公故以三公子之徒作亂丕鄭，晉大夫。三公子，申生、重耳、夷吾。○〔丕〕普悲反。初獻公使荀息傅奚齊公疾召之曰以是藐諸孤言其幼賤，與諸子縣藐。○〔藐〕妙小反，又亡角反。辱在大夫其若之何欲屈辱荀息使保護之。稽首而對曰臣竭其股肱之力加之以忠貞其濟君之靈也不濟則以死繼之公曰何謂忠貞對曰公家之利知無不爲忠也送往事居耦俱無猜貞也往，死者。居，生者。耦，兩也。送死事生，兩無疑恨，所謂正也。及里克將殺奚齊先告荀息曰三怨將作三公子之徒。秦晉輔之子將何如荀息曰將死之里克曰無益也荀叔曰吾與先君言矣不可以貳能欲復言而愛身乎荀叔，荀息也。復言，言可復也。雖無益也。將焉辟之。且人之欲善。誰不如我。我欲無貳而能謂人已乎。言不能止里克使不忠於申生等。冬十月。里克殺奚齊于次。次喪寢。書曰殺其君之子。未葬也。荀息將死之。人曰。不如立卓子而輔之。荀息立公子卓以葬。十一月。里克殺公子卓于朝。荀息死之。君子曰。詩所謂白圭之玷。尚可磨也。斯言之玷。不可爲也。詩大雅。言此言之缺。難治甚於白圭。○〔玷〕丁簟反。又丁念反。荀息有焉。有此詩人重言之義。齊侯以諸侯之師伐晉。及高梁而還。討晉亂也。高梁。晉地。在平陽縣西南。令不及魯故不書。前已發不書例。今復重發。嫌霸者異於凡諸侯。晉郤芮使夷吾重賂秦以求入。郤芮。郤克祖父。從夷吾者。○〔從〕才用反。曰。人實有國。我何愛焉。言國非己之有，何愛而不以賂秦。入而能民，土於何有。從之。能得民，不患無土。齊隰朋帥師會秦師納晉惠公。隰朋，齊大夫。惠公，夷吾。秦伯謂郤芮曰：公子誰恃？對曰：臣聞亡人無黨，有黨必有讎。言夷吾無黨，無黨則無讎，易出易入，以微勸秦。夷吾弱不好弄。弄，戲也。能鬬不過。有節制。長亦不改，不識其他。公謂公孫枝曰：夷吾其定乎？公孫枝，秦大夫子桑也。對曰：臣聞之，唯則定國。詩曰：不識不知，順帝之則。文王之謂也。詩大雅。帝，天也。則，法也。言文王闇行自然，合天之法。又曰：不僭不賊，鮮不爲則。僭，過差也。賊，傷害也。皆忌克也。能不然，則可爲人法則。○〔鮮〕息淺反。無好無惡，不忌不克之謂也。今其言多忌克，既僭而賊。難哉。言能自定難。公曰：忌則多怨，又焉能

克是吾利也其言雖多忌適足以自害不能勝人也秦伯慮其還害己故曰是吾利宋
襄公卽位以公子目夷爲仁使爲左師以聽政於是
宋治故魚氏世爲左師
經十年春王正月公如齊無傳狄滅温温子奔衛蓋中國之狄滅而居其土地晉里克弑其君卓及其大夫荀息弑卓在前年而以今春書者從赴也獻公既葬卓已免喪故稱君也荀息稱名者雖欲復言本無遠謀從君於昏夏
齊侯許男伐北戎無傳北伐山戎晉殺其大夫里克奚齊者先君所命卓子又以在國嗣位罪未爲無道而里克親爲三怨之主累弑二君故稱名以罪之秋七月
冬大雨雪無傳平地尺爲大雪○(雨)于付反
傳十年春狄滅温蘇子無信也蘇子叛王卽狄又不

能於狄狄人伐之王不救故滅蘇子奔衞 蘇子周司寇蘇公之後也國於溫故曰溫子叛王事在莊十九年 夏四月周公忌父王子黨會齊隰朋立晉侯 周公忌父周卿士王子黨周大夫 晉侯殺里克以說 自解說不篡 將殺里克公使謂之曰微子則不及此雖然子弒二君與一大夫爲子君者不亦難乎對曰不有廢也君何以興欲加之罪其無辭乎 言欲加己罪不患無辭 臣聞命矣伏劍而死於是丕鄭聘于秦且謝緩賂故不及 丕鄭里克黨以在秦故不及里克俱死 晉侯改葬共大子 共大子申生也○〔共〕音恭〔大〕音泰 秋狐突適下國 下國曲沃新城 遇大子大子使登僕 忽如夢而相見狐突本爲申生御故復使登車爲僕 而告之曰夷吾無禮余得

請於帝矣。請罰夷吾。將以晉畀秦。秦將祀余。對曰。臣聞之神不歆非類。民不祀非族。君祀無乃殄乎。歆。饗也。殄。絕也。且民何罪。失刑乏祀。君其圖之。君曰。諾。吾將復請。七日新城西偏將有巫者而見我焉。新城。曲沃也。將因巫而見。許之。遂不見。狐突許其言。申生之象亦沒。○見。賢遍反。又如字。及期而往。告之曰。帝許我罰有罪矣。敝於韓。敝。敗也。韓。晉地。獨敝惠公。故言罰有罪。明不復以晉畀秦。夷吾忌克多怨。終於失國。雖改葬加謚。申生猶忿。傳言鬼神所馮。有時而信。

丕鄭之如秦也。言於秦伯曰。呂甥郤稱冀芮實為不從。若重問以召之。三子。晉大夫。不從。不與秦賂。問。聘問之幣。○稱。尺證反。又如字。臣出晉君。君納重耳。蔑不濟矣。蔑。無也。冬。秦伯使泠至報問。且召三子泠至秦大夫○〔泠〕力丁反郤芮曰幣重而言甘誘我也遂殺丕鄭祁舉祁舉晉大夫及七輿大夫侯伯七命副車七乘左行共華右行賈華叔堅騅歂纍虎特宮山祁皆里丕之黨也七子七輿大夫○〔行〕戶剛反〔共〕音恭〔騅〕音佳〔歂〕市專反〔纍〕力追反丕豹奔秦丕豹丕鄭之子言於秦伯曰晉侯背大主而忌小怨民弗與也伐之必出大主秦也小怨里丕公曰失衆焉能殺謂殺里丕之黨違禍誰能出君謂豹避禍也爲明年晉殺丕鄭傳

經十有一年春晉殺其大夫丕鄭父以私怨謀亂國書名罪之書春從告夏公及夫人姜氏會齊侯于陽穀無傳婦人送迎不出門見兄弟不踰閾與公俱會齊侯非禮○〔閾〕音域門限也秋八月大雩無傳過時故書冬楚人

伐黃。

傳十一年春，晉侯使以平鄭之亂來告。釋經書在今年。天王使召武公、內史過賜晉侯命。天王，周襄王。召武公，周卿士。內史過，周大夫。諸侯即位，天子賜之命圭為瑞。○〔過〕古禾反。受玉惰。過歸告王曰：晉侯其無後乎！王賜之命而惰於受瑞，先自弃也已，其何繼之有？禮，國之幹也；敬，禮之輿也。不敬則禮不行，禮不行則上下昏，何以長世？為惠公不終張本。○〔長〕直良反，又丁丈反。夏，揚、拒、泉、皐、伊、雒之戎同伐京師，入王城，焚東門，揚、拒、泉、皐，皆戎邑，及諸雜戎居伊水、雒水之閒者。今伊闕北有泉亭。○〔拒〕俱宇反。王子帶召之也。王子帶，甘昭公也。召戎欲因以篡位。秦、晉伐戎以救周。秋，晉侯平戎于王。為二十四

年天王出居鄭傳黃人不歸楚貢冬楚人伐黃黃人恃齊故

經十有二年春王三月庚午日有食之無傳不書朔官失之夏

楚人滅黃秋七月冬十有二月丁丑陳侯杵臼卒無傳

遺世子與僖公同盟甯毋及洮○[臼]其九反

傳十二年春諸侯城衛楚丘之郛懼狄難也楚丘衛國都郛

郭也爲明年春秋侵衛傳○[郛]芳夫反[難]乃旦反黃人恃諸侯之睦于齊也

不共楚職曰自郢及我九百里焉能害我夏楚滅黃

郢楚都○[共]音恭○王以戎難故討王子帶子帶前年召戎伐周秋王子

帶奔齊冬齊侯使管夷吾平戎于王使隰朋平戎于

晉平和也前年晉救周伐戎故戎與周晉不和王以上卿之禮饗管仲管

仲辭曰臣賤有司也有天子之二守國高在國子．高子．天子所命爲齊守臣．皆上卿也．莊二十二年．高傒始見經．僖二十八年．國歸父乃見傳．歸父之父曰懿仲．高傒之子曰莊子．不知今當誰世．○［守］手又反．若節春秋來承王命何以禮焉節．時也．陪臣敢辭諸侯之臣曰陪臣．王曰舅氏伯舅之使．故曰舅氏．余嘉乃勳應乃懿德謂督不忘往踐乃職無逆朕命功勳美德．可謂正而不可忘者．不言位而言職者．管仲位卑而執齊政．故欲以職尊之．管仲受下卿之禮而還管仲不敢以職自高．卒受本位之禮．君子曰管氏之世祀也宜哉讓不忘其上詩曰愷悌君子神所勞矣詩大雅．愷．樂也．悌．易也．言樂易君子．爲神所勞來．故世祀也．管仲之後．於齊沒不復見．傳亦舉其無驗．○［愷］開在反．［悌］音弟．［勞］力報反．［來］力代反．

經十有三年春狄侵衛（傳在前年春）夏四月葬陳宣公（無傳）公會齊侯宋公陳侯衛侯鄭伯許男曹伯于鹹（鹹衛地東郡濮陽縣東南有鹹城）秋九月大雩（無傳書過）冬公子友如齊（無傳）

傳十三年春齊侯使仲孫湫聘于周且言王子帶（前年王子帶奔齊言欲復之）事畢不與王言（不言子帶事）歸復命曰未可王怒未怠其十年乎不十年王弗召也夏會于鹹淮夷病杞故且謀王室也秋為戎難故諸侯戍周齊仲孫湫致之（戍守也致諸侯戍卒于周）○（〔為〕于偽反〔難〕乃旦反）冬晉薦饑（麥禾皆不熟）○（〔薦〕在薦反）使乞糴于秦秦伯謂子桑與諸乎對曰重施而報君將何求（言不損秦）○（〔施〕式豉反）重施而不報其民必攜

攜而討焉無衆必敗不義故民離謂百里與諸乎百里秦大夫

對曰天災流行國家代有救災恤鄰道也行道有福

丕鄭之子豹在秦請伐晉欲爲父報怨秦伯曰其君是惡

其民何罪秦於是乎輸粟于晉自雍及絳相繼雍秦國都絳晉國都○〔雍〕於用反○命之曰汎舟之役從渭水運入河汾

經十有四年春諸侯城緣陵緣陵杞邑辟淮夷遷都于緣陵夏六月

季姬及鄫子遇于防使鄫子來朝季姬魯女鄫夫人也鄫子本無朝志爲季姬所召而來故言使鄫子來朝鄫國今琅邪鄫縣○〔鄫〕似綾反秋八月辛卯沙鹿

崩沙鹿山名陽平元城縣東有沙鹿土山在晉地災害繫於所災所害故不繫國狄侵鄭無傳

冬蔡侯肸卒無傳未同盟而赴以名○〔肸〕許乙反

傳十四年春諸侯城緣陵而還杞焉不書其人有闕也闕謂器用不具城池未固而去爲惠不終也澶淵之會既而無歸大夫不書而國別稱人今此揔曰諸侯君臣之辭不言城杞杞未遷也○〔澶〕市然反鄫季姬來寧公怒止之以鄫子之不朝也來寧不書而後年書歸鄫更嫁之文也明公絶鄫昏既來朝而還○〔還〕戶關反夏遇于防而使來朝秋八月辛卯沙鹿崩晉卜偃曰期年將有大咎幾亡國國主山川山崩川竭亡國之徵○〔期〕音基〔咎〕其九反〔幾〕音祈又音機冬秦饑使乞糴于晉晉人弗與慶鄭曰背施無親慶鄭晉大夫○〔背〕音佩〔施〕式豉反幸災不仁貪愛不祥怒鄰不義四德皆失何以守國虢射曰皮之不存毛將安傅虢射惠公舅也皮以喻所許秦城毛以喻糴言既背秦施爲怨以深雖與之糴猶無皮而施毛○〔傅〕音附

慶鄭曰弃信背鄰患孰恤之無信患作失援必斃是則然矣虢射曰無損於怨而厚於寇不如勿與言與秦粟不足解怨適足使秦強慶鄭曰背施幸災民所弃也近猶讎之況怨敵乎弗聽退曰君其悔是哉

經十有五年春王正月公如齊無傳諸侯五年再相朝禮也例在文十五年楚人伐徐三月公會齊侯宋公陳侯衛侯鄭伯許男曹伯盟于牡丘牡丘地名闕遂次于匡匡衛地在陳留長垣縣西南公孫敖帥師及諸侯之大夫救徐公孫敖慶父之子諸侯既盟次匡皆遣大夫將兵救徐故不復具列國別也夏五月日有食之秋七月齊師曹師伐厲厲楚與國義陽隨縣北有厲鄉八月螽無傳爲災九月公至自

會。(無傳。)季姬歸于鄫。(無傳。來寧不書。此書者。以明中絕。○[中]丁仲反。又如字。)己卯晦震夷伯之廟。(夷伯。魯大夫展氏之祖父。夷。謚。伯。字。震者。雷電擊之。大夫既卒書字。)冬宋人伐曹楚人敗徐于婁林。(婁林。徐地。下邳僮縣東南有婁亭。○[婁]力侯反。)十有一月壬戌晉侯及秦伯戰于韓獲晉侯(例得大夫曰獲。晉侯背施無親。愎諫違卜。故貶絕下從衆臣之例而不言以歸。不書敗績。晉師不大崩。○[愎]皮逼反。)

傳十五年春楚人伐徐徐卽諸夏故也三月盟于牡丘尋葵丘之盟且救徐也(葵丘盟在九年。)孟穆伯帥師及諸侯之師救徐諸侯次于匡以待之夏五月日有食之不書朔與日官失之也秋伐厲以救徐也晉侯之入也秦穆姬屬賈君焉(晉侯入在九年。穆姬。申生姊。秦穆夫人。賈君。晉獻公次妃賈女也。○[屬]音燭。且曰盡納羣公子。羣公子，晉武獻之族。宣二年傳曰：驪姬之亂，詛無畜羣公子。○[詛]莊據反。晉侯烝於賈君，又不納羣公子，是以穆姬怨之。晉侯許賂中大夫，中大夫，國內執政里丕等。既而皆背之。賂秦伯以河外列城五，東盡虢略，南及華山，內及解梁城，既而不與。河外，河南也。東盡虢略，從河南而東盡虢界也。解梁城，今河東解縣也。華山在弘農華陰縣西南。○[解]音蟹。晉饑，秦輸之粟。在十三年。秦饑，晉閉之糴。在十四年。故秦伯伐晉。卜徒父筮之，吉。徒父，秦之掌龜卜者。卜人而用筮，不能通三易之占，故據其所見雜占而言之。涉河，侯車敗。詰之。秦伯之軍涉河，則晉侯車敗也。秦伯不解，謂敗在己，故詰之。○[詰]起吉反。對曰：乃大吉也。三敗必獲晉君。其卦遇蠱☶☴ 巽下艮上，蠱。曰：千乘三去，三去之餘，獲其雄狐。夫狐蠱。必其君也。（於周易。利涉大川。往有事也。亦秦勝晉之卦也。今此所言。蓋卜筮書雜辭。以狐蠱爲君。其義欲以喻晉惠公。其象未聞。○[去]起居反。又起據反。一起呂反。）蠱。之貞風也。其悔山也。（內卦爲貞。外卦爲悔。巽爲風。秦象。艮爲山。晉象。）歲云秋矣。我落其實。而取其材。所以克也。（周九月。夏之七月。孟秋也。艮爲山。山有木。今歲已秋。風吹落山木之實。則材爲人所取。）實落材亡。不敗何待。三敗及韓。（晉侯車三壞。）晉侯謂慶鄭曰。寇深矣。若之何。對曰。君實深之。可若何。公曰。不孫。卜右。慶鄭吉。弗使。（惡其不孫。不以爲車右。此夷吾之多忌。○[孫]音遜。）步揚御戎。家僕徒爲右。（步揚。郤犨之父。）乘小駟。鄭入也。（鄭所獻馬。名小駟。）慶鄭曰。古者大事。必乘其產。生其水土。而知其人心。安其教訓。而服習其道。唯所納之。無不如志。今乘異產以從戎事。及懼而變。將與人易。變易人意亂氣狡憤。陰血周作。張脈僨興。外彊中乾。狡、戾也。僨、動也。氣狡憤於外。則血脈必周身而作。隨氣張動。外雖有彊形。而內實乾竭。○(憤)扶粉反。(張)中亮反。(僨)方問反。進退不可。周旋不能。君必悔之。弗聽。九月。晉侯逆秦師。使韓簡視師。韓簡、晉大夫。韓萬之孫。復曰。師少於我。鬭士倍我。公曰。何故。對曰。出因其資。謂奔梁求秦。入用其寵。為秦所納。饑食其粟。三施而無報。是以來也。今又擊之。我怠秦奮。倍猶未也。公曰。一夫不可狃。況國乎。狃、忕也。言辟秦則使忕來。○(施)式示反。(忕)時世反。又時設反。遂使請戰。曰。寡人不佞。能合其衆而不能離也。君若不還。無所逃命。秦伯使公孫枝對曰。君之未入。寡人懼之。入而未定列。猶吾憂也。列位也。苟列定矣。敢不承命。韓簡退曰。吾幸而得囚。得囚爲幸。言必敗。壬戌。戰于韓原。九月十三日。晉戎馬還濘而止。濘泥也。還便旋也。小駟不調。故隋泥中。○[濘]乃定反。[隋]大果反。公號慶鄭。慶鄭曰。愎諫違卜。愎戾也。○[號]戶刀反。又戶報反。固敗是求。又何逃焉。遂去之。梁由靡御韓簡。虢射爲右。輅秦伯。將止之。輅迎也。止獲也。○[輅]五嫁反。鄭以救公誤之。遂失秦伯。秦獲晉侯以歸。經書十一月壬戌。十四日。經從赴。晉大夫反首拔舍從之。反首亂頭髮下垂也。拔草舍止。壞形毀服。○[拔]蒲末反。秦伯使辭焉。曰。二三子何其慼也。寡人之從君而西也。亦晉之妖夢是踐。豈敢以至。狐突不寐而與

神言故謂之妖夢申生言帝許罰有罪今將晉君而西以厭息此語踐厭也○〔厭〕於冉反又於輒反晉

大夫三拜稽首曰君履后土而戴皇天皇天后土實

聞君之言羣臣敢在下風穆姬聞晉侯將至以大子

罃弘與女簡璧登臺而履薪焉罃康公名弘其母弟也簡璧罃弘姊妹古之宮閉者皆居之臺以抗絕之穆姬欲自罪故登臺而薦之以薪左右上下者皆履柴乃得通○〔罃〕於耕反

使以免服衰絰逆且告免衰絰遭喪之服令行人服此服迎秦伯且告將以恥辱自殺○〔免〕音問〔衰〕七雷反〔絰〕大結反曰上天降災使我兩君匪以玉

帛相見而以興戎若晉君朝以入則婢子夕以死夕

以入則朝以死唯君裁之乃舍諸靈臺在京兆鄠縣周之故臺亦所以抗絕令不得通外內大夫請以入公曰獲晉侯以厚歸也既

而喪歸焉用之若將晉侯入則夫人或自殺大夫其何有焉何有猶何得且晉人慼憂以重我謂反首拔舍天地以要我不圖晉憂重其怒也我食吾言背天地也食消也○〔重〕直用反重怒難任背天不祥必歸晉君任當也○〔任〕音壬公子縶曰不如殺之無聚慝焉公子縶秦大夫恐夷吾歸復相聚為惡○〔縶〕張執反〔慝〕他得反子桑曰歸之而質其大子必得大成晉未可滅而殺其君祗以成惡祗適也○〔質〕音置〔祗〕音支且史佚有言曰無始禍史佚周武王時大史名佚無怙亂恃人亂為己利無重怒重怒難任陵人不祥乃許晉平晉侯使郤乞告瑕呂飴甥且召之郤乞晉大夫也瑕呂飴甥卽呂甥也蓋姓瑕呂名飴甥字子金晉侯聞秦將許之平故告呂甥召使迎己○〔飴〕音怡子金

教之言曰朝國人而以君命賞恐國人不從故先賞之於朝且告之曰孤雖歸辱社稷矣其卜貳圉也貳代也圉惠公大子懷公衆皆哭哀君不還國晉於是乎作爰田分公田之稅應入公者爰之於所賞之衆呂甥曰君亡之不恤而羣臣是憂惠之至也將若君何衆曰何爲而可對曰征繕以輔孺子征賦也繕治也孺子大子圉諸侯聞之喪君有君羣臣輯睦甲兵益多好我者勸惡我者懼庶有益乎衆說晉於是乎作州兵五黨爲州州二千五百家也因此又使州長各繕甲兵○喪息浪反輯音集又七入反初晉獻公筮嫁伯姬於秦遇歸妹䷵兌下震上歸妹之睽䷥兌下離上睽歸妹上六變而爲睽史蘇占之曰不吉史蘇晉卜筮之史其繇曰士刲

羊亦無衁也。女承筐亦無貺也。周易歸妹上六爻辭也衁血也貺賜也刲羊士之功承筐女之職上六無應所求不獲故下刲無血上承無實不吉之象也離爲中女震爲長男故稱士女○〔繇〕直救反〔刲〕苦圭反〔衁〕音荒〔中〕丁仲反西鄰責言不可償也。將嫁女於西而遇不吉之卦故知有責讓之言不可報償○鄰〔責〕音債又如字〔償〕市亮反又音常歸妹之睽猶無相也。歸妹女嫁之卦睽乖離之象故曰無相相助也○〔相〕息亮反震之離。亦離之震。二卦變而氣相通爲雷爲火爲嬴敗姬。嬴秦姓姬晉姓震爲雷離爲火火動熾而害其母女嫁反害其家之象故曰爲嬴敗姬車說其輹火焚其旗不利行師敗于宗丘。輹車下縛也丘猶邑也震爲車離爲火上六爻在震則無應故車脫輹在離則失位故火焚旗言皆失車火之用也車敗旗焚故不利行師火還害母故敗不出國近在宗邑○〔說〕吐活反〔輹〕音福又音服歸妹睽孤寇張之弧。此睽上九爻辭也處

睽之極故曰睽孤失位孤絕故遇寇難而有弓矢之警皆不吉之象

姪其從姑震爲木離爲火火從木生離爲震妹於火爲姑謂我姪者我謂之姑謂子圉質秦○[姪]待結反字林丈一反

六年其逋逃歸其國而棄其家逋士也家謂子圉婦懷嬴○[逋]補吾反

明年其死於高梁之虛惠公死之明年文公入殺懷公于高梁高梁晉地在平陽楊氏縣西南凡筮者用周易則其象可推非此而往則臨時占者或取於象或取於氣或取於時日王相以成其占若盡附會以爻象則構虛而不經故略言其歸趣他皆放此○[虛]去魚反[王]于況反[相]息亮反

及惠公在秦曰先君若從史蘇之占吾不及此夫韓簡侍曰龜象也筮數也物生而後有象象而後有滋滋而後有數先君之敗德及可數乎史蘇是占勿從何益言龜以象示筮以數告象數相因而生然後有占占所以知吉凶不能變吉凶故先君敗德非筮數所生

雖復不從史蘇不能益禍○(夫)音扶先君之敗德及絕句可數乎一讀及可數乎(數)色主反(復)扶又反

詩曰下民之孽匪降自天僔沓背憎職競由人詩小雅言民之有邪惡非天所降僔沓面語背相憎疾皆人競所主作因以諷諫惠公有以召此禍也○(僔)尊本反

震夷伯之廟罪之也於是展氏有隱慝焉隱惡非法所得尊貴罪所不加是以聖人因天地之變自然之妖以感動之知達之主則識先聖之情以自厲中下之主亦信妖祥以不妄神道助教唯此為深○(知)音智

冬宋人伐曹討舊怨也莊十四年曹與諸侯伐宋

楚敗徐于婁林徐恃救也恃齊救

十月晉陰飴甥會秦伯盟于王城陰飴甥卽呂甥也食采於陰故曰陰飴甥王城秦地馮翊臨晉縣東有王城今名武鄉秦伯曰晉國和乎對曰不和小人恥失其君而悼喪其親痛其親為秦所殺不憚征繕以立圉也曰

必報讎。寧事戎狄。君子愛其君而知其罪。不憚征繕以待秦命。曰必報德。有死無二。以此不和。秦伯曰。國謂君何。對曰。小人慼。謂之不免。君子恕。以爲必歸。小人曰。我毒秦。秦豈歸君。君子曰。我知罪矣。秦必歸君。毒謂三施不報。貳而執之。服而舍之。德莫厚焉。刑莫威焉。服者懷德。貳者畏刑。此一役也。言還惠公。使諸侯威服。復可當一事之功。〇〔舍〕如字。又音捨。〔還〕音環。秦可以霸。納而不定。廢而不立。以德爲怨。秦不其然。秦伯曰。是吾心也。改館晉侯。饋七牢焉。牛羊豕各一爲一牢。蛾析謂慶鄭曰。盍行乎。蛾析。晉大夫也。〇〔蛾〕魚綺反。一五何反。對曰。陷君於敗。謂呼不往。誤晉師失秦伯。敗而不死。又使失刑。非人臣也臣而不臣行將焉入十一月晉侯歸丁丑殺慶鄭而後入丁丑月二十九日是歲晉又饑秦伯又餼之粟曰吾怨其君而矜其民且吾聞唐叔之封也箕子曰其後必大晉其庸可冀乎唐叔晉始封之君武王之子箕子殷王帝乙之子紂之庶兄○餼許氣反姑樹德焉以待能者於是秦始征晉河東置官司焉征賦也

春秋經傳集解僖公上第五

西元二〇二四年三月一日重製一版

春秋左氏傳杜氏集解 冊一（晉杜預集解）

平裝四冊基本定價貳仟貳佰元正
（郵運匯費另加）

發行人：張敏君
發行處：中華書局
臺北市內湖區舊宗路二段一八一巷八號五樓（5FL., No. 8, Lane 181, JIOU-TZUNG Rd., Sec 2, NEI HU, TAIPEI, 11494, TAIWAN）
客服電話：886-8797-8396
公司傳真：886-8797-8909
匯款帳戶：華南商業銀行西湖分行
179100026931
印刷：維中科技有限公司
海瑞印刷品有限公司

No. N0007-1

國家圖書館出版品預行編目(CIP)資料

春秋左氏傳杜氏集解/(晉)杜預集解. -- 重製一版. -- 臺北市：
中華書局, 2024.03
冊； 公分
ISBN 978-626-7349-06-9(全套：平裝)

1.CST: 左傳 2.CST: 注釋

621.732 113001476